स्नेहबंध तथा अन्य कहानियां

(कहानी संग्रह)

परमेश्वरी प्रकाशन

(किताबघर प्रकाशन का उपक्रम)

परमेश्वरी प्रकाशन

प्रीत विहार, दिल्ली

स्नेहबंध
तथा अन्य कहानियां

मालती जोशी

ISBN—978-93-80048-83-3

प्रकाशक
परमेश्वरी प्रकाशन
बी-109, प्रीत विहार
दिल्ली-110092

तृतीय पेपरबैक संस्करण
2024

मूल्य
दो सौ पच्चीस रुपये

मुद्रक
आर. के. ऑफसेट
शाहदरा, दिल्ली-110095

SNEHBANDH TATHA ANYA KAHANIYAN
(Stories in Hindi)
by Malti Joshi
Price : ₹ 225 (Paperback Edition)

प्रिय सखी सुधा के लिए

क्रम

पहली बार

दिव्या और उसके पापा फटाफट सीढ़ियां चढ़ गए थे। उनके पीछे-पीछे सामान लेकर चढ़ता हुआ होटल का पोर्टर भी नजरों से ओझल हो गया था। मैं ही बोझिल कदमों से एक-एक सीढ़ी गिनकर पार कर रही थी। इतनी खीज हो रही थी–कोई लिफ्ट वाला होटल ही ढूंढ़ लेते तो क्या बिगड़ जाता! पर कभी-कभी कंजूसी की हद कर देते हैं ये।

पंद्रह-बीस सीढ़ियों के बाद मोड़ से पहले एक चौड़ी सी लैंडिंग थी। वहीं खड़े होकर थोड़ा सुस्ताने का इरादा किया तो देखा, वहां पहले से ही कोई खड़ा है। शायद मेरे विलंबित आरोहण के कारण बेचारे को जबरदस्ती यह विश्राम करना पड़ा है। क्षमा-याचना की मुद्रा में मैंने हंसकर देखा तो देखती ही रह गई।

स्मृति की कोई किरण वहां भी कौंध गई होगी क्योंकि दूसरे ही क्षण आश्चर्य वहां भी मुखर हो उठा, "अरे सुमन, तुम!–सुमन ही हो न?"

मैंने स्वीकारोक्ति में सिर हिला दिया।

"मुझे पहचाना? मैं कल्पनानाथ जी का श्रवण हूं।"

"पहचान तो लिया था, पर इतने दिन हो गए हैं न! इसी से एकदम...।"

"वही तो, तुम जब तक एकदम पास नहीं आ गईं, मुझे स्ट्राइक ही नहीं हुआ।"

[होता भी कैसे? पहले वाला मुझमें कुछ रहा भी है!]

"अब चलूं मैं?" मैंने कहा, "नहीं तो वे सोचेंगे, पता नहीं मुझे क्या हो गया?"

"अच्छा, सी यू," उसने हाथ उठाकर कहा और वह नीचे उतर आया। मेरे पैर मन-मन भर के हो आए थे। किसी तरह अपने को ठेल-ठालकर मैं ऊपर पहुंची।

ऊपर वे लोग सचमुच चिंतित हो उठे थे। दिव्या तो जीने के सिरे तक आ पहुंची थी, "कहां रह गई थीं मां?"

"सुस्ता रही थी रे थोड़ा! होटल है कि ग्वालियर का किला। मेरा तो चढ़ते-चढ़ते दम फूल गया।"

दिव्या ने ममता से मेरा हाथ थाम लिया और कमरे में लिवा ले गई। श्रीमान् जी आराम से आरामकुरसी पर लेटकर अपनी थकान मिटा रहे थे। सामने वाली दूसरी कुरसी में मैं धंस गई।

सांस धौंकनी की तरह चल रही थी। आंखें मूंदकर लेटी रही मैं। यह कुछ पूछ रहे थे, पर उत्तर देने लायक शक्ति भी मुझमें शेष नहीं रही थी।

लेकिन बस, मुश्किल से पांच-सात मिनट और मैं हड़बड़ाकर उठ खड़ी हुई। अपनी चाबियां टटोलते हुए मैंने कहा, "दिव्या, बाथरूम में देख तो जरा! नल आ रहा होगा तो नहा लूंगी। तभी जाकर सफर की थकान तरेगी।"

"नहा लेना, ऐसी भी क्या जल्दी है! चाय तो ले लो पहले," इन्होंने कहा।

"आपकी चाय पता नहीं किस जनम में आएगी!" मैंने भुनभुनाकर कहा और कपड़े लेकर बाथरूम में चली गई। दरवाजा बंद करके सबसे पहले दीवार में लगे आईने में अपना प्रतिबिंब देखा। छत्तीस घंटों के प्रवास से लस्त-पस्त, थका-हारा रंग-उड़ा अपना चेहरा देखते ही मुझे रोना आ गया। क्या आज ही, इसी समय उसका सामना होना जरूरी था? क्या सोचा होगा उसने? जरूर एक राहत की सांस ली होगी। वर्षों पहले लिए गए अपने निर्णय पर अपनी ही पीठ ठोंक ली होगी!

फिर तो जैसे एक जिद सी सवार हो गई मुझ पर। देर तक बैठी मैं नहाती रही। मल-मलकर बालों की गर्द धोती रही। ठंडे पानी के छींटे दे-देकर चेहरे की मुर्दनी मिटाती रही। दरवाजे पर दस्तक न होती तो मैं पता नहीं कितनी देर तक नहाती रहती। मन को जैसे संतोष ही न रहा था।

बाहर आकर देखा--चाय आ चुकी थी और सब लोग मेरा इंतजार कर रहे थे। मैं सीधे ड्रेसिंग टेबल के सामने जा बैठी और कहा, "दिवि, जरा कंघा तो देना।"

"चाय तो पी ली होती! पहले ही ठंडी हो रही है।" इन्होंने कहा।

"बस, एक मिनट में आई। देर ही कितनी लगती है। मुट्ठी भर तो बाल हैं--कोई आ जाए तो कितना खराब लगता है।"

"कोई नहीं आता बाबा! मैंने कल के लिए लिखा है। एक दिन पहले आने का उद्देश्य इतना ही था कि सफर की थकान मिट जाएगी। इसलिए अव्वल तो कोई आएगा नहीं। और भूले-भटके आ भी गया तो वे लोग दिव्या को देखेंगे--तुम्हें नहीं।"

"तो मैं भूतनी-सी बैठी रहूं!" मैंने कहा और कंघा उठाकर फेंक दिया।

यह उठकर पास चले आए। एक प्याली में चाय उंडेलकर जबरदस्ती मेरे होंठों से लगाते हुए बोले, "बेकार स्मार्ट बनने की कोशिश मत करो। चाय पी लो पहले। बिना चाय के तुम्हारी हालत कैसी हो जाती है, मैं खूब जानता हूं।"

मजबूरन पीनी ही पड़ी और सच कहूं तो बड़ा अच्छा भी लगा। रेलवे स्टेशंस की पनियल चाय पीते-पीते ऊब गई थी मैं।

हमारी यह मान-मनौवल शुरू होते ही दिव्या समझदारी से बाथरूम में खिसक गई थी। इसीलिए इनकी नजरों में छिपी शरारत भरी हंसी को चुपचाप झेल गई मैं। मन सचमुच हलका हो आया था। उसी प्रसन्न मुद्रा में मैंने गुनगुनाते हुए अपनी केश-सज्जा पूरी की। मुनासिब-सा मेकअप किया और सूटकेस खोलकर बैठ गई।

क्या पहनूं, कुछ समझ में नहीं आ रहा था। दो-तीन दिन की ही बात थी, इसलिए ज्यादा साड़ियां लाई नहीं थी। जो इनी-गिनी लाई थी, वे भी सेंसर होकर आई थीं। उन्हें पलट-पुलटकर देखा और लड़कियों पर इतनी खीज हो आई। प्रिया तो सचमुच बहुत ज्यादा बासिंग करने लगी है आजकल। इतनी दखलंदाजी कि मैं तंग आ जाती हूं। इस साड़ी में तुम 'फॅटी' लगती हो, यह रंग 'गॉडी' है, यह 'कूड' है, यह तो बहुत 'ओल्ड-फैशंड' है। लोग ठीक ही कहते हैं-लड़की बड़ी हो जाए तो मां का पहनना-ओढ़ना छूट जाता है।

घर में साड़ियों से अलमारी भरी पड़ी है। पर साथ आई हैं तो वही दो-तीन सिल्क, एक लखनवी चिकन, एक चंदेरी जरी, एक फूल वायल-इस तरह मेरा सूटकेस जमाया गया है।

हताश होकर मैंने ढक्कन गिरा दिया। वे दाढ़ी बना रहे थे। चौंककर बोले, "क्या हुआ?"

"कुछ नहीं। थक गई हूं, थोड़ी देर लेटूंगी।"

"अब आईं न रास्ते पर। वही तो मैं सोच रहा था कि इतने लंबे सफर के बाद तुममें इतनी फुर्ती बाकी कैसे है।"

अपने कष्ट-साध्य जूड़े की परवाह न करते हुए मैं पलंग पर लेट गई।

उसी समय दिव्या नहाकर निकली, "पापा, अब आप निबट लीजिए। मैंने कपड़े रख दिए हैं।"

मैं विस्मय-विमुग्ध सी अपनी ही बिटिया को निहारती रह गई।

उसके काले घने बाल सारी पीठ पर फैले हुए थे। उनसे टप-टप करती मोती

की सी बूंदें टपक रही थीं। उसके सद्यस्नात शरीर से महक के स्रोत फूट रहे थे। धुला-धुला चेहरा किसी ताजे खिले फूल की तरह दमक रहा था, वैसा ही अम्लान, सुगंध की किरणें बिखेरता हुआ।

उसका यह भीगा-भीगा रूप अपलक निहारते हुए मैं सोच रही थी—कहां खो ज़ाती है चेहरे की यह ताजगी! यह निश्छल हंसी! आंखों की यह लजीली स्वप्निलता, देह की यह कमनीयता—समय का निर्मम लुटेरा सब कुछ छीनकर कहां ले जाता है? क्यों ले जाता है?

कब आंख लग गई, पता ही नहीं चला!

दिव्या की पुकार पर ही तंद्रा टूटी। वह कह रही थी, "मां! उठो न! तैयार हो लो।"

"कहां चलना है?" मैंने उबासी लेते हुए पूछा।

"यूं ही घूमने। शहर का एक राउंड लगा लेंगे।"

अब मैंने ठीक से आंखें खोलकर देखा—दोनों बन-ठनकर तैयार खड़े थे।

"मैं न चलूं तो? दरअसल बहुत थक गई हूं।"

"क्यों? अब क्या हो गया? थोड़ी देर पहले तक तो बहुत स्मार्ट बन रही थीं।" यह भला मौका क्यों चूकने लगे।

मुझे भी ताव आ गया, "हां, स्मार्ट बनने की कोशिश कर रही थी। पर नहीं बन सकी क्योंकि मैं एक निहायत सुस्त, फूहड़ और बोदी लड़की हूं।"

"लड़की!" दिव्या ने कहा और हथेलियों में मुंह छिपाकर फिक् से हंस दी। इतना गुस्सा आया।

"दिवि!" यह बोले, "एक हमारे सुपरवाइजर थे हांडा साहब। जब भी बीवी का जिक्र करते, कहते, मनजीत की मम्मी बड़ी सीधी लड़की है। वेरी इनोसेंट!"

"एक ही किस्सा, इसे कितनी बार सुनाएंगे आप!" मैंने चीखकर कहा। मुझे लड़ने का मूड आ रहा था, "एकाध नए चुटकुले याद कर लीजिए। कम से कम सुनने वाला तो बोर न हो।"

"एक नया जोक सुनाएं दिवि, एकदम असली है।" यह उसी खिलंदड़े स्वर में बोले, "तुम्हारी मां की एक सहेली थीं—मिसेज पाल। हमेशा कहतीं—आय एम वेरी लक्की मिसेज दुबे। मेरे पास बड़ा अच्छा हसबैंड है।"

"ई...," दिव्या ने सिहरते हुए कहा, "हसबैंड न हुआ, घरेलू नौकर हो गया।"

"वैसे सिद्धांत रूप से दोनों में फर्क तो कुछ भी नहीं है," इन्होंने कृत्रिम

गंभीरता से कहा और पापा के इस अभिनय पर दिव्या खिलखिलाकर हंस दी। मेरा बेवजह खून खौल गया।

"अब यह जरा-जरा सी बात पर खी-खी करना बंद करो। छोटी नहीं हो तुम अब!"

उसकी हंसी अधबीच में ही लुप्त हो गई, चेहरा बुझ-सा गया। इन्हें शायद अच्छा नहीं लगा। बोले, "कम ऑन बेबी! लेट अस मूव! अपनी मां से कहो, हम लोगों के लौटने तक मूड ठीक कर रखें, ताकि शाम का खाना शांति से हो।"

दरवाजा एक धमाके के साथ बंद करके वे लोग चले गए। वह आवाज मेरे कलेजे पर हथौड़े की तरह पड़ी। मैं तिलमिला उठी। सच, इतना ऑफ होने की क्या जरूरत थी! दिव्या की वह निश्छल हंसी मेरा कौन सा जख्म कुरेद गई थी! जरा-जरा सी बात पर खिलखिलाने की उम्र बहुत पीछे छूट गई थी—क्या इसीलिए मैं क्षुब्ध थी?

पहले आती थी हर बात पर हंसी,
अब किसी बात पर नहीं आती।

वल्लाह! सुमन जी, यह क्या हो रहा है! यानी कि आप तो शेरोशायरी पर उतर आईं! क्या पता अभी आप गुनगुनाने लगें—

इसलिए खड़ा रहा कि तुम मुझे पुकार लो
या
सुबह न आई, शाम न आई,
जिस दिन तेरी याद न आई।

सचमुच मुझे यह क्या हुआ जा रहा था! मन के किसी कोने से ढेर सारे गीत होंठों पर उतर आए थे। मैं अपनी गृहस्थी में डूबी बाल-बच्चों से घिरी एक घरेलू औरत एकदम काव्यमय हो उठी थी। इसी बिल्डिंग में, इसी मंजिल पर किसी के होने का अहसास मेरी पूरी चेतना को झंकृत कर गया था।

क्या इसी को प्रेम कहते हैं? यदि हां, तो यह अहसास इतने दिनों तक कहां दुबक गया था? स्मृति की दहलीज पर खड़ी यह शर्मीली लड़की इतने दिनों कहां रही? और अगर यह प्रेम नहीं है तो यह बेचैनी, यह बेकली क्यों?

सच, कोई अनाम-सा रिश्ता भी तो नहीं है इस व्यक्ति के साथ! हां, एक

मजबूत रिश्ता जोड़ने की कोशिश जरूर हुई थी, पर उसमें भी मेरा अपना योगदान कितना था! सब बुजुर्गों की मेहरबानी थी।

उन दिनों छोटे चाचा पढ़ने के लिए हम लोगों के पास आ गए थे। उन्हीं से पता चला कि सहपाठियों में एक कल्पनानाथ जी का लड़का भी है। बड़ा होनहार, बड़ा सुदर्शन। तब तक कल्पनानाथ जी का नाम भर सुना था। वह बाबू जी की टक्कर के ही फौजदारी वकील थे। चाचा जी की सूचना के साथ वह नाम, वह परिवार एकदम विशेष हो उठा। फिर तो योजनाबद्ध तरीके से परिचय बढ़ाया जाने लगा। आए दिन घर पर कोई उत्सव, कोई आयोजन होने लगा। और कोई आए न आए, पर चाचा जी के दोस्तों को जरूर न्योता जाता। मुझसे स्पष्ट रूप से किसी ने कुछ नहीं कहा था, पर बड़े-बूढ़ों की फुसफुसाहटें और छोटों की ठिठोलियां अनकहे बहुत कुछ समझा जाती थीं। अनजाने ही एक कल्पनालोक रच लिया था मैंने। सपनों का एक संगमरमरी मंदिर बना लिया था और देवता की प्राण-प्रतिष्ठा भी कर दी थी।

अब सोचती हूं तो हंसी आती है। पर उस समय तो यही सबसे बड़ा सच बन गया था।

कितने बड़े अंतराल के बाद मेरा यह किशोर सपना मुझसे टकरा गया है—इस आवेग के साथ कि एकदम लड़खड़ा गई हूं मैं!

जैसा कि तय था, हम लोगों ने गिरिजाशंकर जी के यहां अपने आने की सूचना दूसरे दिन फोन पर दी। छूटते ही उन्होंने हमें दोपहर के खाने का निमंत्रण दे डाला। मुझे तो बड़ा संकोच हो रहा था। पर ये बोले—"यही ठीक रहा। जितनी देर रहेंगे, घर-परिवार को उतने ही इत्मीनान से देख सकेंगे। ड्राइंगरूम कर्टसी तो कोई भी निभा ले जाता है।"

लगभग दस बजे हम लोग तैयार होकर नीचे उतरे। सड़क पर वाहनों का रेला-सा गुजर रहा था। दफ्तर की आपाधापी थी। ऐसे में अपने लिए खाली रिक्शा खोजना मुश्किल लग रहा था। वे लोग बेचारे कार भेजने को कह रहे थे। हमीं लोगों ने सौजन्यवश मना कर दिया। अब पछतावा हो रहा था।

तभी एक टैक्सी जैसे हमारी ही बुलाहट पर सामने आकर रुकी। उतावली में हम लोग आगे बढ़े ही थे कि देखा, कैमरा, वाटर-बॉटल आदि से लदा-फंदा एक जोड़ा उसमें बैठा हिसाब चुकता कर रहा था। ठीक तो है—लोग इतनी दूर से आते हैं तो घूमने के लिए। मेरी तरह कमरे में दफन होने के लिए कोई नहीं आता।

"गुड मॉर्निंग, एवरीबडी।"

एकदम चौंक पड़ी। कल से उन्हीं के बारे में सोच रही थी और अब सामने देखकर भी पहचान नहीं पाई। गॉगल्स लगाए, स्पोर्ट शर्ट पहने वह एकदम अजनबी लग रहे थे।

"साहब बहादुर से हमारा परिचय नहीं कराओगी सुमन!"

एक बार फिर चौंक पड़ी मैं। और फिर औपचारिकताओं का दौर शुरू हो गया। पर मेरा मन उनमें कहीं नहीं था। मैं तो मुग्ध होकर उस चंपावर्णी महिला को देख रही थी, जो उसकी बगल में खड़ी थी। कितने स्मार्ट, कितने युवा लग रहे थे दोनों। समय का कारवां जैसे उन्हें बिना छुए ही गुजर गया हो।

"नीता! सुमन के पिता जी और डैडी कुलिग्स थे–दे वेरी-वेरी गुड फ्रैंड्स आलसो।" उन्होंने परिचय कराया था।

टैक्सी में बैठते हुए मेरे कानों में यही वाक्य गूंज रहा था। उसमें और भी बहुत सा मैंने मन से जोड़ लिया था, 'जानती हो नीता! इन लोगों ने तो बाकायदा मेरे लिए जाल बिछा दिया था। फंस ही जाता मैं, हिम्मत से बच गया। डैडी ने कहा, बेटा, बचना हो तो उड़नछू हो जाओ। बस, इंग्लैंड भाग गया मैं। इसकी शादी के बाद ही लौटा हूं।'

मन एकदम कैसा तो हो आया था क्योंकि ये सारी बातें मेरी कल्पना की उपज नहीं थीं। मैंने अपने कानों से सब कुछ सुना था। श्रवण के विलायत से लौटने पर कल्पनानाथ जी ने एक बड़ी सी पार्टी दी थी। संयोग से उन दिनों मैं भी वहीं थी। वहीं सब सुना था। श्रीमान् जी दोस्तों के बीच बैठे सारा किस्सा सुना रहे थे और मित्रमंडली हंस-हंसकर दाद दे रही थी। वह हंसी कितने दिनों तक कलेजे में शूल-सी चुभती रही।

गिरिजाशंकर जी का परिवार देखकर मन प्रसन्न हो गया। जितना सुंदर घर था, उतनी ही सुरुचिपूर्ण साज-सज्जा थी। जैसे सुसंस्कृत बच्चे थे, वैसी ही शालीन बहुएं। जैसे सौम्य वह स्वयं थे, वैसी ही मृदुभाषिणी उनकी पत्नी थीं। यद्यपि वह अपंग थीं (और इसीलिए दिव्या को लेकर हमें आना पड़ा था), पर घर के अनुशासन पर उनकी पकड़ मजबूत थी। अपने पंगुत्व को उन्होंने बड़ी दिलेरी के साथ स्वीकार लिया था। बिस्तर पर बीतने वाली अपनी जिंदगी को उन्होंने व्यर्थ नहीं होने दिया। उसका सदुपयोग ज्ञानार्जन के लिए किया था। बड़ी ही बहुश्रुत महिला थीं। दिव्या को पास बिठाकर उन्होंने इतने प्रश्न पूछ डाले कि

मैं तो घबरा गई थी। पर लड़की जरा भी नहीं झिझकी। सभी प्रश्नों के बड़ी विनम्रता से उत्तर दिए उसने और मैंने राहत की सांस ली।

लक्ष्मी और सरस्वती का दुर्लभ संगम उस घर में देखने को मिला। तीनों लड़के इंजीनियर थे और अपना कारोबार संभाल रहे थे। छोटा, जिसके लिए हम गए थे, यूनिवर्सिटी का गोल्ड मेडलिस्ट था।

अपनी लड़की के लिए जैसे घर-वर की कल्पना हम लोगों ने की थी–यहां वह सब कुछ था। मन ही मन हमने मेहता साहब को लाख-लाख धन्यवाद दे डाले। न वह बताते, न हमें पता चलता कि यहां इतनी दूर, हैदराबाद में अपनी जाति-बिरादरी का ऐसा हीरे-सा लड़का कुंआरा बैठा हुआ है।

दिन भर बहुत अच्छे ढंग से बीता। उनके सौजन्य और आतिथ्य ने हमें अभिभूत कर दिया। लौटकर दिव्या के आग्रह पर एक फटीचर फिल्म भी देख डाली, फिर भी मेरा मूड खराब नहीं हुआ।

दूसरे दिन सारी दोपहर सालारजंग म्यूजियम देखते रहे। उस विश्वविख्यात संग्रहालय को देखते हुए भी मेरा मन दिव्या की शादी की तैयारियों में डूबा रहा। इस आयोजन के सामने दुनिया की सारी चीजें महत्त्वहीन हो उठी थीं।

चार बजे हम लोग होटल लौटे। आते ही यह बोले, "सुनो, बगल वालों को चाय पर बुला लेते हैं।"

"बगल वाले कौन?"

"वही तुम्हारे श्रवण भैया।"

"न वे मेरे कोई लगते हैं, न उन्हें चाय पर बुलाने की जरूरत है," मैंने दोटूक फैसला सुना दिया।

"खैर, तुम्हारे कोई न सही, पर सुबह मैं उनके यहां कोल्ड ड्रिंक पीकर आया हूं। कर्टसी डिमांड्...।"

"तो बुला लीजिए, पूछने का नाटक क्यों करते हैं! आपको तो बस भीड़ इकट्ठा करने से मतलब है। घर हो या बाहर, कोई फर्क नहीं पड़ता।" मैंने बेवजह उखड़ते हुए कहा।

आखिरकार दिव्या को निमंत्रण लेकर उन लोगों के पास भेज ही दिया। सबसे पहले तो मैंने बिखरा कमरा ठीक किया। यह नाश्ते का ऑर्डर देने चले गए और मैं सूटकेस खोलकर बैठ गई। वही इनी-गिनी साड़ियां मेरा मुंह चिढ़ा रही थीं। दिव्या की अटैची से चुपचाप चटख रंग की शिफान निकाल लाई। उसे

गोद में लेकर आईने के सामने बैठी अपना थका-थका चेहरा निहारती रही।

फिर एकाएक विचार उठा—मैं इतनी उठापटक क्यों कर रही हूं! जब यह शरीर इतना बेडौल नहीं था, चेहरा ऐसा कांतिहीन नहीं था, बालों में ये चांदी के तार नहीं थे—तब भी तो यह शख्स नहीं रीझा था। फिर अब इतनी व्यग्रता क्यों?

इस विचार के आते ही जैसे सारा तनाव समाप्त हो गया। एकदम हलकी हो आई मैं। रोज की तरह हाथ-मुंह धोकर बैठ गई। साड़ी बदलने तक की जरूरत नहीं समझी।

दिव्या जो गई तो उन लोगों को साथ लेकर ही लौटी। नाश्ता करते हुए उन्होंने कहा, "हुसैन सागर देखने का प्रोग्राम था। आप लोग भी चलिए न! मजा आएगा।"

"हम लोग तो थक गए हैं," यह बोले, "खासकर श्रीमती का घूमने का कोटा आज खत्म हो गया है। हां, आप दिव्या को जरूर ले जाइए।"

वह तो एकदम किलक उठी। जब तक सब लोग चाय पीते रहे, वह तैयार भी हो ली। वही चटख जामुनी शिफान उसने पहनी थी। उस पर ऐसी फब रही थी कि लगा, कहीं मेरी ही नजर न लग जाए उसे।

उन लोगों के जाते ही मन अकारण उदास हो आया।

"उन लोगों को बेकार में बोर करने की क्या जरूरत थी!" मैंने अपनी खीज इन पर उतारते हुए कहा, "हुसैन सागर कहीं भागा तो नहीं जा रहा था! दिव्या बाद में भी देख लेती।"

कुछ देर तक वह मुझे घूरते रहे। फिर गंभीर स्वर में बोले, "थोड़ा दिल-दिमाग मैं भी रखता हूं सुमन! मुझे क्या एकदम बेवकूफ ही समझ लिया है तुमने! लड़की बेचारी बोर हो रही थी, इसीलिए भेज दिया।"

"लेकिन...!"

"लेकिन तुम्हें इतना संकोच क्यों हो रहा है? वे लोग क्या हनीमून ट्रिप पर आए हैं? हाईस्कूल में पढ़ने वाला लड़का घर छोड़कर आए हैं, पता है? और दिव्या बार-बार तो इतनी दूर आ नहीं सकती! जो देखना चाहती है, देख लेने दो।"

"मतलब?"

"वहां से रिफ्यूजल आ गया है," इन्होंने सपाट स्वर में कहा और मुंह फेर लिया।

मस्तिष्क जैसे एकदम सुन्न हो गया। मुंह बाए मैं उन्हें देखती रह गई। बाद में उसी सपाट स्वर में वह मुझे बताते रहे कि कैसे सुबह गिरिजाशंकर जी का फोन आया था। कैसे वह लड़के की बेहूदगी के लिए क्षमा-याचना करते रहे। कानों से उनके शब्द टकराते रहे। झेलती रही। पल भर में यह सुंदर शहर मेरे लिए नरक से भी बदतर हो गया। लगा, अभी इसी क्षण इस दमघोटू वातावरण से निकल पड़ूं। रिजर्वेशन जाए भाड़ में।

"मैं जरा बाजार तक हो आता हूं," इनका स्वर अब एकदम सामान्य सा था, "प्रिया और कपिल के लिए कुछ लेता आऊंगा। तुम लोग सामान समेटकर रखना। गाड़ी अलस्सुबह सात बजे चल देती है।"

मैंने कोई उत्तर नहीं दिया। उन्हें शायद अपेक्षा भी नहीं थी। चुपचाप उठकर चल दिए। मैं मन ही मन सूटकेस में रखी अपनी उस निधि को टटोलती रही, जो मैं इनसे छिपाकर लाई थी। सब कुछ ठीक-ठाक हो जाता तो मेरा इरादा लगे हाथ शगुन भी कर लेने का था। अंगूठी तक मैं ले आई थी।

कमरे का एकांत जब असह्य हो उठा तब मैं बाहर गैलरी में आकर खड़ी हो गई। नीचे सारी सड़क रोशनी में नहा गई थी। बाजार इंद्रधनुषी प्रकाश-किरणों से जगमगा रहा था। सभी तरह के वाहनों की रेलमपेल मची हुई थी। एकदम उत्सव का सा वातावरण था—खड़े-खड़े पांव दुख आए थे, फिर भी मैं वहीं खड़ी साइनबोर्ड्स पढ़ती रही। कमरे की स्तब्धता में लौटने की हिम्मत नहीं पड़ी।

लंबी प्रतीक्षा के बाद उनकी टैक्सी सामने आकर रुकी। श्रवण के साथ दिव्या को उतरते देखा और एक अजीब सा विचार मन में कौंध गया।

उस दिन होटल की सीढ़ियां चढ़ते ही इसका सामना हो गया था। फिर गिरिजाशंकर जी के यहां जाते हुए भी यह किसी अपशकुन की तरह सपत्नीक सामने पड़ गया था। मुझे तभी समझ लेना था। मेरे जीवन का पहला सपना था वह, वह भी टूटा हुआ। दिव्या के सपने को कैसे सार्थक होने देता।

"हाय मम्मा! यू मिस्ड ए लॉट!" दिव्या कूदती-फांदती सबसे पहले ऊपर चढ़ आई थी और चहक रही थी, "इतनी प्यारी साइट थी मां कि उठने का मन ही नहीं हो रहा था। सनसेट तो इतना वंडरफुल था। सच ममा, आप लोगों को जाना चाहिए था।"

"अरे, तो इसमें इतना अफसोस करने जैसा क्या है। अगली बार मम्मी-पापा

को अपनी गाड़ी में ही सब जगह घुमा देना–बस! सूरज तो अभी बहुत दिनों तक उगता-डूबता रहेगा।"

यह आवाज श्रवण की थी। वे दोनों कब पास आकर खड़े हो गए, पता ही न चला। आश्चर्य तो यह हुआ कि उन्हें सारी बातें बताईं किसने!

दिव्या को देखा–एकदम लाल हो रही थी, "हाय अंकल, आप तो बस!"

"बेटे," मैंने शांत, लेकिन दृढ़ स्वर में कहा, "अंदर जाकर जरा सामान समेटना शुरू करो तो। पापा आते ही हाय-तोबा मचाने लगेंगे।"

"बड़ी प्यारी लड़की है," उसके भीतर जाते ही नीता ने कहा।

"हां, है तो।" मैंने सूखी हंसी हंसकर कहा, "अपना बच्चा अपने लिए तो प्यारा ही होता है। दूसरों को भी लगे, तब न।"

"मतलब?"

"मतलब, वहां से इनकार आ गया है," मैंने हूबहू इनकी तरह ही सपाट स्वर में कहा।

"क्या कह रही हैं? आखिर कौन सा नुक्स देखा उन लोगों ने?"

"श्रवण जी!" मैंने गंभीरता से कहा, "सौंदर्य की सबकी अपनी परिभाषा होती है। इसमें जिरह की गुंजाइश कहां है।"

"मैं तो इतना गिल्टी फील कर रही हूं," नीता बोली, "पूरे रास्ते हम लोग उसे छेड़ते आए हैं। ऐंड शी एनजॉइड इट।"

"आपको कैसे पता चला?"

"उसमें मुश्किल क्या है। आप दोनों बेटी को लेकर इतनी दूर आए हैं, उसे सजा-संवारकर कहीं ले जा रहे हैं–इट वाज एन इजी गेस।"

"एक रिक्वेस्ट है दीदी," नीता ने कहा, "उसे अभी कुछ नहीं बताइएगा प्लीज! कोई बहाना बना दीजिए। बेचारी इतनी खुश थी अभी, सोचकर ही कैसा लगता है।"

"लड़कियां बहुत चतुर होती हैं नीता! बहानों के पीछे झांकती सच्चाई को आसानी से पकड़ लेती हैं।"

"फिर भी।"

"हां, फिर भी एहतियात तो बरतेंगे ही। पहली-पहली बार है न! इस बार तो उसके मन को नाजुक हाथों से सहेजना पड़ेगा। फिर तो आदत पड़ जाती

है। बात सपनों की नहीं रहती–व्यावहारिकता पर उतर आती है। मन इतना पक्का हो जाता है कि कोई आवेग उसे छूता नहीं।"

वे दोनों कब निःशब्द मुझसे विदा ले गए, पता ही नहीं चला।

भीतर आकर देखा–दोनों हाथ गोद में लिए दिव्या सोफे पर निश्चल बैठी है।

शायद उसने हम लोगों की बातें सुन ली थी।

उसके टूटे हुए सपनों का प्रतिबिंब उसके चेहरे पर साफ झलक रहा था।

मन धुआं-धुआं

यूं तो पूरे रास्ते ही मन खराब रहा था, पर जब स्टेशन पर कोई नजर न आया तो डर घबराहट में बदल गया।

पता नहीं क्या बात है? कौन बीमार है? कुछ तो होगा ही। तभी तो बड़े भैया ने तार देकर बुलाया है। नहीं तो पिछले बारह सालों में एक बार भी तो ऐसा नहीं हुआ। सच तो यह है कि बाबू जी की मृत्यु के बाद साग्रह कभी निमंत्रण आया ही नहीं। वे थे तो तीज-त्योहार पर बुला भी लेते थे। अब तो यह है कि बड़े भैया के हलके से इशारे का भी बहाना बनाकर खुद ही चली आती हूं, ताकि ससुराल में नाक ऊंची रहे।

घर अभी थोड़ी दूर ही था कि साइकिल पर स्कूल जाती हुई दीपा नजर आ गई। मैंने फौरन टैक्सी रुकवाई और उतर पड़ी। मुझे इस तरह एकाएक सामने पाकर दीपा पहले तो अचकचा गई, पर दूसरे ही पल साइकिल से उतरकर मुझसे लिपट गई।

"बुआ! एकदम अचानक कैसे?"

"तुम्हें देखे बहुत दिन हो गए थे न, इसलिए," मैंने चुटकी से उसकी नाक पकड़कर हिलाते हुए कहा।

बुआ-भतीजी का यह प्रेमालाप पता नहीं कितनी देर तक चलता, पर मैंने देखा, उसके साथ वाली लड़कियां बेचैन हो रही हैं।

"अच्छा, अब शाम को मिलेंगे। अब, झटपट स्कूल जाओ तो..." मैंने उसके गालों पर हलकी सी चपत लगाते हुए कहा।

"अच्छा, सी यू," उसने अपना सुकोमल हाथ हवा में लहराते हुए कहा और साइकिल पर बैठकर फुर्र से उड़ गई।

ड्राइवर यदि आवाज न देता तो मैं पता नहीं कितनी देर तक उस कमनीय आकृति को देखती रहती। स्कूल की यूनिफॉर्म में भी वह सबसे अलग लग रही थी। मां का रूप-लावण्य उसे विरासत में जो मिला है। सबसे अच्छी बात तो यह है कि विधाता ने उसे मां का सा तन ही दिया, मन नहीं। नहीं तो क्या इस तरह मुस्कराकर स्वागत करती? दौड़कर गले से लिपट जाती?

उसकी उस निश्छल मुस्कराहट से मन एकदम हलका हो आया था। समझ गई कि घर पर सब कुशलमंगल है। ऐसी-वैसी कोई बात होती तो भला लड़की इस तरह हंसती, खिलखिलाती?

तब तो शायद इनकी ही बात ठीक होगी। कह रहे थे कि प्रॉपर्टी का कोई चक्कर होगा। बार-बार जता रहे थे कि आजकल तो लड़कियां भी बराबर की हिस्सेदार होती हैं। इतना ताव आया था मुझे। बाबू जी ने भर-भर थैली दहेज दिया था, लेकिन फिर भी इन लोगों को तृप्ति नहीं होती। अब भी आस लगाए बैठे हैं। खुद ही साथ आना चाहते थे, पर मैंने ही मना कर दिया। तब भी गाड़ी छूटने तक हिदायतें देते रहे कि बिना जाने-बूझे किसी कागज पर दस्तखत नहीं करना। पता नहीं किस प्रॉपर्टी का सपना देख रहे हैं ये लोग। गांव में एक पुराना सा मकान और आठ-दस बीघे खेत, बस। शहर के जिस बंगले पर सबकी आंखें लगी हुई हैं, वह तो भैया की अपनी कमाई का है। यह जमीन उन्हें ससुराल से दहेज में मिली थी।

दीपा को भेजकर भाभी ने शायद अभी-अभी ही दरवाजा बंद किया था। सिटकनी खोलते हुए बोलीं-"अब क्या रह गया?" पर मुझे देखते ही चुप हो गईं।

"अरे सुमित्रा, तुम!" उनके मुंह से बस इतना ही निकला और वे दरवाजा छोड़कर खड़ी हो गईं (कि आना हो तो अंदर आ जाओ। दरवाजा खुला है)।

यह कोई नई बात नहीं है। अब तक तो आदत हो जानी चाहिए थी। पर पता नहीं क्यों, मन पर हर बार एक चोट सी लगती है। लगता है उलटे पैरों लौट जाऊं। पर कहां हो पाता है वह। ससुराल में अपनी ममतामयी भाभी की इमेज जो स्थापित कर रखी है। वही मुझे मुंह चिढ़ाने लगती है।

"पंडित काका, जल्दी से चाय बना लो दो कप-और गोभी-आलू की एक सब्जी और छौंक दो," चौके से भाभी की आवाज आ रही है।

"कोई मेहमान आए हैं बहू जी?"

"हां, सुम्मी दीदी आई हैं।"

"अरे सुम्मी बिटिया, कब आई?" पंडित काका किचन से दौड़े चले आए। उनके झुर्रीदार चेहरे पर, सफेद मूंछों से छनकर वात्सल्य और खुशी छलके पड़ रहे थे। कई बार लगता है कि कल को काका नहीं रहेंगे तो मेरा ऐसा हार्दिक स्वागत कौन करेगा?

मैं भाभी की शिकायत नहीं कर रही। यह सच है कि मैं या सुचित्रा लगातार तीन महीने भी बने रहें तो उनके माथे पर शिकन नहीं आती। हमारे स्वागत-सत्कार में कोई कमी नहीं होती। पर यह भी सच है कि हम तीसरे ही दिन बिस्तर बांध लें तो वे रुकने के लिए इसरार भी नहीं करतीं। हम लोग अगर तीन-तीन साल बाद आएं तो उलाहना सिर्फ गोबिंदी देती है-भले ही उसके मूल में वे साड़ियां हों, जो उसे हमसे इनाम में मिलती हैं।

"सुमि, आओ, चाय लो।" भाभी ने मेज पर चाय और नाश्ता लगाते हुए कहा-"खाने से पहले नहाओगी न। गोबिंदी को गीजर ऑन करने के लिए कह दूं। या अभी गरम पानी शुरू नहीं किया?"

इतनी कोफ्त हुई। दुनिया भर की बातें पूछ रही हैं, पर यह नहीं पूछेंगी कि अचानक कैसे आना हुआ? या कि उन्हें मेरे आने का अंदाजा था। था तो बताएं न कि क्यों बुलाया था। आखिर मैंने ही पूछा-"भाई साहब कैसे हैं?"

"अच्छे हैं।"

"तबीयत तो ठीक है न?"

"हां। क्यों?"

"मुझे तार देकर बुलाया था, इसीलिए घबरा रही थी कि पता नहीं क्या बात है।"

उन्होंने कोई जवाब नहीं दिया, पर उनके चेहरे से साफ जाहिर था कि उन्हें इस बात का कोई इल्म नहीं था। क्यों उन्हें बुरा लगा? जानने का कोई उपाय नहीं था। शायद नहीं भी लगा हो। इस घर की समस्याओं से वे कभी भी जुड़ नहीं पाई थीं। जल में रहने वाले कमलपत्र की तरह हमेशा अछूती रही थीं। हम भाई-बहनों ने उनका नाम स्थितप्रज्ञ रख छोड़ा था-और वह गलत नहीं था।

बड़े भैया का ऑपरेशन डे था शायद। पूरे चार बजाकर लौटे। मुझे देखते ही उनका चेहरा खिल गया। मुझे बड़ा अच्छा लगा। वे पास बिठाकर देर तक इनके बारे में, बच्चों के बारे में पूछते रहे। एकदम बाबू जी की याद आ गई। उन्हें देखते ही लगता था कि जाने कितनी-कितनी बातें अनकही रह गई हैं। जब भी आती, उनसे ढेर सी बातें करके मन हलका कर लेती।

भाभी ने खाना लगने की सूचना दी तो उठना ही पड़ा। मेज पर तीन थालियां देखकर भैया ने मीठी झिड़की दी-"अरे, यह क्या? इतनी देर तक भूखी बैठी रही! अरे, हम लोगों का कोई ठिकाना है!"

"भूख नहीं थी बड़े भैया। भाभी ने इतना ठूंस-ठूंसकर नाश्ता करवा दिया था।"

भैया ने कृतज्ञ भाव से भाभी को देखा, पर वे सब्जी परोसने में व्यस्त थीं।

"सुनील नहीं लौटा अभी तक। कितने बजे तक आ जाता है?" मैंने पूछा।

"उनका आजकल कोई टाइम टेबल नहीं है। श्रीमान् जी सवेरे घर से निकल जाते हैं तो रात गए ही घर लौटते हैं।"

"क्यों?"

"यही बताने के लिए तो तुम्हें बुलाया है," मैं असमंजस में उनका मुंह देखती रह गई तो बोले–"खाना खा लो। बाद में बात करेंगे।"

पर इसके बाद खा पाना क्या संभव था! बस, साथ देने के लिए बैठी रही।

खाने के बाद लॉन में बैठी मैं भैया के बुलावे की प्रतीक्षा करती रही। उन्होंने बुलाया नहीं बल्कि खुद ही पास आकर बैठ गए। अपना प्रिय सिगार सुलगाते हुए उन्होंने बिना किसी भूमिका के कहना शुरू किया–"सुमि! मैंने तुम्हें इसलिए बुला भेजा है कि तुम सुनील को समझा सको। घर भर में वह सिर्फ तुम्हारी ही बात मानता है।"

"पर उसने ऐसा किया क्या है?"

"किया नहीं, करने जा रहा है।"

"क्या?"

"शादी।"

"शादी? किससे?"

"वही तो परेशानी का बायस है। वह डॉक्टर कुमार की लड़की से शादी कर रहा है।"

"डॉक्टर कुमार की लड़की! मतलब, शामली से?"

"हां, एक ही तो लड़की है उनकी। और उसका किस्सा भी शायद तुम जानती हो।"

किस्सा सर्वविदित ही था। डॉक्टर कुमार के विद्यार्थी जीवन के प्रणय-व्यापार की फलश्रुति थी शामली। वॉर्डन की विधवा पुत्रवधू के प्रति सहानुभूति कब प्रेम में बदल गई, उन्हें पता नहीं चला। और जब पता चला, तब बहुत देर हो चुकी थी।

शामली की मां का वही हश्र हुआ जो भारतीय समाज में ऐसी अभागिनों का होता है। पर अंतर्धान होने से पूर्व वह कुमार साहब को लड़की का अता-पता दे गई थी। वे अनाथालय में उससे संपर्क बनाए रहे।

संयोग कुछ ऐसा हुआ कि शादी के दस साल बाद तक उनके यहां कोई संतान नहीं हुई। डॉक्टर, वैद्य, हकीम सभी के यहां से उन्हें निराश लौटना पड़ा। हताशा के उन क्षणों में उन्होंने पत्नी के सामने अपना गुरुगंभीर अपराध स्वीकार कर लिया। फिर उसी उदारमना नारी की सहमति से डॉक्टर कुमार उस अबोध बालिका को घर ले आए थे। सांवली दुबली सी उस हंसमुख लड़की ने आते ही उस घर को रौनक से भर दिया था।

सुनील फर्स्ट इयर से ही उनका प्रिय विद्यार्थी था। उनका शोध प्रबंध भी उसने उन्हीं के निर्देशन में लिखा था और अब तो उन्हीं के विभाग में काम कर रहा था। घर आना-जाना बना ही रहता था।

"सुमि! क्या सोच रही है?"

"भैया, इस संभावना पर हमारा ध्यान पहले क्यों नहीं गया?"

"संभावना थी नहीं सुमि, बनाई गई थी। कुमार साहब ने जानबूझकर दोनों को खू स्वतंत्रता दे रखी थी, ताकि उनका बोझ आसानी से हलका हो सके।"

भैया की बातें सुनने में ज्यादा अच्छी नहीं लगीं, पर वह सच से ज्यादा दूर भी नहीं थीं शायद। सारी शाम मेरे कानों में बड़े भैया के शब्द गूंजते रहे। मन बेतरह उलझ गया था।

शाम को दीपा लूडो का बोर्ड उठा लाई। बेचारी दीपा मुकेश के बोर्डिंग स्कूल में जाने के बाद से बेहद अकेली पड़ गई थी। इसीलिए मेहमान आते तो खुद ही अपना और उनका मनोरंजन कर लेती थी।

पर आज खेल में बिलकुल ही मन नहीं लग रहा था। दो-चार बाजियों के बाद वह जैसे मेरी मनःस्थिति भांप गई और होमवर्क का बहाना बनाकर उठ गई।

उसके जाते ही मैंने राहत की सांस ली। अपने कमरे में आकर बिस्तर पर पड़ रही। जब भी यहां आती हूं, भाभी के प्रति कृतज्ञता से भर उठती हूं कि उन्होंने यह कमरा अभी भी हम बहनों के नाम रख छोड़ा है। यह कमरा न मिले तो शायद पीहर आने का आधा आनंद ही जाता रहे। सच, बड़ा सुकून मिलता है यहां आकर। लगता है, जैसे मेरी बिलकुल अपनी दुनिया है। इस पर और किसी का दखल नहीं है।

सुनील पता नहीं कितने बजे लौटा। सफर की थकान से मैं तो निढाल हो गई थी। उसने मुझे नींद से जगाया, मेरे पांव छुए और फिर मेरी गोद में सिर

रखकर लेट गया। इतना बड़ा हो गया है, फिर भी उसके दुलार का चाव अभी नहीं भरा। मां तो चार-पांच साल का छोड़कर ही चल बसी थी। मां की ममता का अभाव बहनों के लाड़-प्यार ने ही पूरा किया था।

"कहां रह गया था रे! पूरा दिन हो गया राह देखते हुए," मैंने उसके बालों में अंगुलियां पिरोते हुए कहा।

"जरा काम में उलझ गया था। अभी-अभी तो लौटा हूं। खाना खाते हुए काका ने बताया कि तुम आई हो। बस, थाली छोड़कर भाग आया।"

"बड़ी मेहरबानी।"

"अब आप सुनाइए। ये अचानक मेहरबान कैसे हो गईं? जीजा जी महाराज इतने दयालु कैसे हो गए?"

"आपके कारण।"

"मेरे कारण?"

"हां। आपको समझाने के लिए मेरी बुलाहट हुई है।"

"अच्छा, तो फिर शुरू हो जाइए।"

"कहां से शुरू करूं, यही तो सोच रही हूं।"

वह एकदम उठ बैठा। कमरे में रखी आरामकुरसी में धंस गया और गंभीर स्वर में बोला–"दीदी, तुम भी सोचती हो कि मैं कुछ गलत कर रहा हूं?"

"गलत तो मैं नहीं कहूंगी, पर मन एकदम राजी नहीं हो रहा।"

"क्यों नहीं हो रहा? आखिर उस लड़की में क्या खराबी है?"

"उसके जन्म की कथा तो जानते हो न?"

"अपने जन्म पर तो किसी का अधिकार नहीं होता। क्या उसे परखने का यही एक मापदंड होगा?"

"अपना समाज अभी..."

"मैं समाज की परवाह नहीं करता।" उसने तमककर कहा।

"बड़े भैया भी इस रिश्ते के पक्ष में नहीं हैं।"

"बड़े भैया तो दीदी, एकदम बाबू जी बने जा रहे हैं। दो बार विलायत हो आने से कोई आधुनिक नहीं हो जाता। मन पर जमी रूढ़ियों की काई बड़ी मुश्किल से छूटती है।"

"सुनील! तुम बड़े भैया के साथ ऐसा कहकर बड़ा अन्याय कर रहे हो।"

"अन्याय तो वे मेरे साथ कर रहे हैं। बल्कि बरसों पहले जो अन्याय उनके

साथ हुआ था, उसका बदला वे मुझसे ले रहे हैं। –बट आय वोंट सरेंडर। आई विल फाइट इट आउट।"

सुनील गुस्से में उफनता हुआ बाहर चला गया। उसकी बात ने पता नहीं कितनी पुरानी यादों को झकझोर दिया। सिंथिया का सुंदर भावपूर्ण चेहरा आंखों में घूम गया। सुनील का तमतमाया चेहरा देखकर भैया का तब का विद्रोही चेहरा याद आ गया।

उफ! उन दो महीनों में घर में कितना तनाव भर गया था। कैसी महाभारत सी मची रहती थी घर में। भैया तो बात करते ही काटने दौड़ पड़ते थे। बाबू जी के सामने पड़ते ही डर लगता था। हम सब लोग दिन भर सहमे-सहमे किसी विस्फोट की प्रतीक्षा करते रहते।

जिज्जी की सगाई उन दिनों बस हुई ही थी। बड़ी मुश्किलों से बाबू जी अपनी मरजी का उच्चकुलीन वर खोज पाए थे। हम लोग शादी की तैयारियों में व्यस्त ही थे कि सिंथिया किसी दुःस्वप्न की तरह हम सबको चौंका गई थी।

कोई कच्चे दिल वाला व्यक्ति होता तो अपने होशोहवास खो बैठता। पर बाबू जी ने निर्णय लेने में जरा भी देर नहीं की। अट्ठाइस साल की नौकरी का इस्तीफा लिखकर वे हम सबको लेकर शहर आ गए और भैया को एक तरह से उन्होंने नजरबंद कर लिया।

अब की सी सर्वग्रासी महंगाई तब न थी, पर फिर भी शहर शहर था। यहां हर चीज के लिए कदम-कदम पर पैसा फेंकना पड़ता था। पर बाबू जी ने दिल पर पत्थर रखकर आमों का बगीचा व कुएं वाले दो खेत बेच डाले। इस आकस्मिक खर्च के कारण जिज्जी की शादी पर वे मन भरकर खर्च न कर सके, जिसका उलाहना वे आज तक देती हैं।

बाबू जी का त्याग व्यर्थ नहीं गया। घर में उठा तूफान एक दिन अपने आप शांत हो गया। साल बीतते न बीतते घर में फिर शहनाई बज उठी। डॉक्टर भैया के लिए रायप्रसाद हरिप्रसाद की इकलौती बेटी, शहर के बीचोबीच यह मकान और विलायत जाने का खर्च! सब दलिद्दर धुल गए। उसी शान-शौकत की बदौलत चित्रा को और मुझे इतना अच्छा घर-वर मिल सका। सुनील और अनिल निश्चिंत होकर पढ़ सके। दुःख होता है तो बस जिज्जी के लिए। चूंकि उनका विवाह इस स्वर्णयुग से पहले हुआ था, इसलिए बहुत संपन्न परिवार में नहीं हो सका था।

वैसे अपनी समझ से बाबू जी ने अच्छा ही घर देखा था। उस समय उनकी हैसियत ही क्या थी। गांव के मिडिल स्कूल के हेडमास्टर को तब मिलता ही क्या था। वह तो पुरखों का बनाया मकान और थोड़े से खेत थे। इसलिए इज्जत से गुजर हो जाती थी, बस।

अम्मां की मृत्यु के बाद हम भाई-बहनों को बाबू जी ने बड़े जतन से पाला था। कभी किसी अभाव का अहसास न होने दिया था। उनका बस एक ही सपना था–लड़कों को अच्छी से अच्छी शिक्षा देना। लड़कियों के लिए कुलीन वर खोजना। इन सपनों पर जब आंच आती दिखाई दी, उन्होंने आकाश-पाताल एक कर दिया और आखिर बाजी जीत ही ली।

"बाबू जी जब तक जीवित रहे, मन उनके प्रति एक आक्रोश से भरा रहा।" बड़े भैया हम दोनों बहनों के सामने आत्मस्वीकृति व्यक्त कर रहे थे। मेरे बहाने उन्होंने सुचित्रा को इंदौर बुला लिया था और अब हम तीनों मिलकर वर्तमान संकट पर विचार-विमर्श कर रहे थे।

"बाबू जी के जीते-जी मैंने उन्हें कभी माफ नहीं किया। पर आज जब मैं उनके स्थान पर खड़ा हूं, तब पता चलता है कि उनका डर, उनका सोचना कितना सही था। लड़की का बाप होना अपने आप में एक मुसीबत है। फिर जब परिवार में ऐसी-वैसी घटना हो जाती है तो यह समस्या और भी जटिल बन जाती है।"

"लड़की का बाप?" चित्रा ने चौंककर पूछा।

"क्यों, लड़की का बाप नहीं हूं मैं? तुम विश्वास नहीं करोगी सुचि, जब से सुनील ने यह बम फेंका है, मैं लगातार दीपू के बारे में सोच रहा हूं। आज से चार-पांच साल बाद जब मैं उसके लिए वर खोजने निकलूंगा, तब क्या यह शादी मेरे रास्ते का कांटा नहीं बन जाएगी?"

"तब तक तो बात पुरानी पड़ जाएगी," मैंने कहा, "लोग भूल भी जाएंगे।"

"नहीं भूलते सुमि! न तो लोग ऐसी बातें भूलते हैं, न वे पुरानी पड़ती हैं। वे हर बात उतनी ही ताजा होकर सामने आती हैं। अब शामली की बात ही ले लो। बीस-बाईस साल पुरानी बात है। फिर भी उसे लेकर हम लोग परेशान हैं कि नहीं?"

"लेकिन परेशानी का कारण मेरी समझ में नहीं आता," सुचित्रा बोली, "डॉक्टर कुमार की बेटी है वह। और आज विज्ञान की दुनिया में उनका एक

नाम है।''

''लेकिन उसकी मां को भी तो भुलाया नहीं जा सकता। शामली का जन्म जिन परिस्थितियों में हुआ, उन्हें भी नजरअंदाज नहीं किया जा सकता। और सबसे बड़ी बात तो यह है कि अपने जीवन के प्रथम दस-बारह वर्ष उसने अनाथ आश्रम में बिताए हैं। किस-किस बात को अनदेखा करेंगे हम?"

हमसे कोई उत्तर नहीं देते बना।

"अच्छा, दीपा की बात रहने दो। उसके विवाह में अभी देर है। पर इस शादी के बाद क्या तुम भी ससुराल में सिर उठाकर चल सकोगी?"

भैया ने जैसे ठीक नब्ज पर हाथ रख दिया था। सच तो है, ससुराल में जो इतनी नाक ऊंची है, वह किस बलबूते पर? बाबू जी की हेडमास्टरी का तो वहां कभी जिक्र ही नहीं उठता। बस, भैया की कीर्ति, भैया का वैभव, भैया के बच्चे, भैया की ससुराल-इन्हीं की चर्चा चलती रहती है। अनिल कनाडा जाकर ऐसा गुम हो गया है कि कभी राखी की पहुंच भी नहीं देता। पर हमारे गौरव-ग्रंथ में उसका नाम भी दर्ज है। हां, जिज्जी और उनकी गंवई फटीचर ससुराल के कारण कभी-कभी उपहास झेलना पड़ता है। सुनील ने अगर यह शादी कर ली तो वह किरकिरी होगी कि बस।

हमें यूं स्तब्ध कर देने के बाद भैया ने गंभीर स्वर में कहा-" मैंने इस घर के लिए क्या किया है, यह मेरे कहने की बात नहीं है। पर यह जरूर कहूंगा कि इन दोनों भाइयों ने मुझे हमेशा निराशा ही दी है। सोचा था, दोनों डॉक्टर बनकर मेरी सहायता करेंगे, पर अनिल अपनी जिद पर अड़ा रहा और इंजीनियर बन गया।

" मैं उससे भी खुश था। तुम दोनों की शादी में मैंने एक-एक लाख रुपया लगाया है। पर अनिल जब अपने आदर्शों की दुहाई देकर एक साधारण घर की लड़की ब्याह लाया, तब भी मैं चुप रहा। लेकिन उसने कभी अपनी जिम्मेदारी को समझा ही नहीं। मजे में सात समुंदर पार जाकर बैठ गया है। अब तो शायद उसे यह भी याद नहीं रहा कि देश में उसका घर है, परिवार है। रिश्ता जो भी है, ससुराल वालों से है।

" कोशिश के बावजूद सुनील को मेडिकल में दाखिला नहीं मिल सका, मैंने सब्र कर लिया। मैं उसकी पी-एच. डी. से ही संतुष्ट था। पर अब ये जो गुल खिला रहा है, उसे क्या कहूं! मेरी प्रेस्टिज का न सही, उसने इस घर की प्रतिष्ठा का, स्वर्गीय बाबू जी की आत्मा का तो खयाल किया होता।

" बाबू जी पिता थे। शायद इसीलिए अपनी बात मनवा सके। मैं तो सिर्फ भाई हूं। पिता के सारे कर्तव्यों को करने के बाद भी मेरे अधिकारों की एक सीमा है। मैं सिर्फ अनुरोध ही कर सकता हूं। किसी को मजबूर नहीं कर सकता।"

बड़े भैया का यह करुण वक्तव्य हमें भीतर तक हिला गया। सच, पूरी जिंदगी बेचारे घर के लिए खटते रहे हैं। आज उनकी टक्कर का सर्जन पूरे प्रदेश में नहीं है। ऑपरेशन के लिए लोग दूर-दूर से आते हैं। महीनों क्यू लगाए रहते हैं। कीर्ति और संपत्ति गंगा-यमुना की तरह घर को भर रही हैं, पर उन्होंने जितना भी कमाया, सब भाई-बहनों पर खर्च कर दिया। उनका अपना छोटा सा परिवार है। पर उसके लिए भी वे कितना कर पाते हैं। सुचित्रा की शादी के बाद ही मुकेश को सिंधिया स्कूल में रखने का साहस कर सके। चाहते तो वे भी अनिल की तरह पल्ला झाड़कर अलग हो सकते थे। सारी जिम्मेदारियों से अपने आप मुक्त हो जाते।

तीन दिन की धुआंधार बहस के बाद सुनील ने हथियार डाल दिए। घर की सुख-शांति के लिए, परिवार की प्रतिष्ठा के लिए, उसने अपने प्यार की बलि देना स्वीकार कर लिया। बड़े ही शहीदाना भाव से उसने अपने निर्णय की सूचना दी। साथ ही उसने यह भी स्वीकार किया कि शामली के पास जाकर यह सब कहने का साहस उसमें नहीं है।

आखिर यह अनचाहा काम भी मुझे ही करना पड़ा। लेकिन मानना होगा कि उस दिलेर लड़की ने मेरा काम बहुत आसान कर दिया।

वह सीधे मुझे अपने कमरे में ले गई। हम लोग कुछ देर तक इधर-उधर की बातें करते रहे। पर उसने मेरा असमंजस ताड़ लिया और एकदम पूछ बैठी—"आप कुछ कहने आई हैं न दीदी!"

"शामली, दरअसल बात यह है..."

"आप निस्संकोच होकर कहिए दीदी! मुझे मालूम है, आप क्या कहने आई हैं। इसीलिए आपको मां के पास नहीं ले गई। वे इन दिनों बीमार चल रही हैं। आपकी बात शायद सहन न कर पाएं।"

"तब तो तुम जानती हो...फिर..."

"हां दीदी, मैं जानती हूं। मैं जानती थी कि मुझे सपने देखने का कोई अधिकार नहीं है। फिर भी मैंने यह अनधिकार चेष्टा कर डाली थी। अब मुझे

सत्य का साक्षात्कार करने दीजिए। कह डालिए अपनी बात। मैं भी तो जानूं, सच सुनने में कैसा लगता है।"

उसने बहुत दृढ़ता से अपनी बात कहनी चाही थी, पर अपनी आवाज की लरज को वह छिपा नहीं सकी।

"तुम बहुत समझदार हो शामली!" मैंने उसकी पीठ पर हाथ फेरते हुए कहा–"तुम्हारी बहादुरी की दाद देने को जी चाहता है। बस, एक प्रार्थना है–सुनील को गलत न समझना। उसने बड़े भैया की खुशी के लिए अपने मन पर पत्थर रख लिया है। और तुम्हें मालूम है–बड़े भैया उसके लिए, हम सभी के लिए पिता के समान हैं। उन्होंने हम लोगों के लिए इतना कुछ किया है कि उनकी इच्छा का मान करना ही पड़ता है।"

"मुझे मालूम है दीदी! मैं उनकी विवशता को समझती हूं। लेकिन आपको कष्ट न देकर यदि स्वयं चले आते तो शायद यह आघात सहना मेरे लिए आसान हो जाता।"

क्या जवाब देती मैं। चुपचाप उठकर चली आई।

दरवाजे पर डॉक्टर साहब से भेंट हो गई। मुझे देखते ही गद्गद हो गए। कुछ देर और बैठने का बार-बार आग्रह करते रहे। पर अधिक देर उनका सामना करना मेरे लिए असहनीय था।

तीन-चार दिन तक घर में तर्क-वितर्क का एक युद्ध छिड़ा हुआ था। दलील पर दलील दी जा रही थी। उस बहस के बीच बाबू जी की और बड़े भैया की तस्वीर एक बेटी के बाप के रूप में उभरी थी। और उन दोनों ने ढेर सी सहानुभूति बटोर ली थी।

आज कुमार साहब को देखा तो लगा, एक बेटी का बाप यह भी तो है। उसकी स्थिति तो इन दोनों से कहीं ज्यादा नाजुक, ज्यादा दयनीय है।

सुनील के फैसले से घर में जैसे एक खुशी की लहर दौड़ गई। भैया तो मानो तैयार ही बैठे थे। बोले–"सुमि, मैं सोचता हूं, तुम दोनों यहां हो तो ये कुछ प्रपोजल देख लो। मेरे पास जाने कब से इकट्ठा हो गए हैं।"

मुझे एकदम सुनील की बात याद आ गई। ठीक ही कह रहा था वह। भैया एकदम बाबू जी बनते जा रहे हैं। जरा भी समय गंवाना नहीं चाहते। जैसे उन्हें सुनील के मन का एतबार न हो।

भैया के पास जो प्रस्ताव थे, उन्हें देखकर तो आंखें चौंधिया गईं। बस,

लगा, जैसे भाग्यलक्ष्मी दरवाजे पर दस्तक दे रही है। बस, नंबर खुलने भर की देर है। पर नंबर का चुनाव ही पसोपेश में डाले दे रहा था। एक से एक उम्दा रिश्ते। किसे ले लें, किसे छोड़ दें–समझ में नहीं आ रहा था।

फिर हम लोगों का चर्चा सत्र शुरू हो गया। उठते-बैठते बस वही बातें। अब खाने की मेज पर पहले की सी मनहूसियत नहीं रहती। दीपा भी अपनी होने वाली 'चाची' की सेलेक्शन कमेटी की सक्रिय सदस्य थी। और तो और, पंडित काका भी फुलकों के साथ बिना मांगे अपनी राय दे जाते।

हां, भाभी इस बहस में भाग नहीं लेती थीं। पर यह कोई नई बात नहीं थी। वह हमेशा ही हम सबके बीच होकर भी नहीं होती थीं। उनकी इस उदासीनता के हम आदी हो गए थे।

एक और भी प्राणी था, जो चुप रहता था–सुनील। वह चुपचाप एक कोने में बैठा शहीदाना भाव से हमारी बातें सुनता रहता। पर उसकी चुप्पी की हमें परवाह नहीं थी।

काफी छानबीन के बाद बात एक प्रस्ताव पर आकर रुक गई। लड़की सुंदर थी, एम. ए. पास थी। पिता एम. एल. ए. थे, भाई पी. डब्ल्यू. डी. में इंजीनियर थे। दो बहनें अपने डॉक्टर पतियों के साथ अमेरिका में बस गई थीं। यानी कि प्रस्ताव एकदम फिट था। कहीं से मीन-मेख निकालने की गुंजाइश नहीं थी।

"सवाल तो यह है कि लड़की क्या वाकई इतनी सुंदर है? कई बार फोटो से बड़ा धोखा हो जाता है।"

"तो फोटो को ही अंतिम सत्य थोड़े ही मान लेंगे। लड़की देखी भी तो जा सकती है।" मैं बोली।

"वे लोग तो बेचारे बार-बार निमंत्रण दे गए हैं। तुम लोग सुनील को लेकर चली जाओ और देख आओ। पांच घंटे का तो सफर है।"

"मैं कहीं नहीं जाऊंगा," सुनील गुर्राया।

"क्यों? लड़की नहीं देखोगे?"

"नहीं, आप देख आइए।"

"हमारे देखने से क्या होता है। आखिरी पसंद तो...।"

"मेरी कोई पसंद नहीं है।"

"और हम कोई कानी-कुबड़ी, लंगड़ी-लूली ले आए तो?" चित्रा ने ठहाका मारा।

"क्या फर्क पड़ता है। जब शादी ही आप लोगों की खुशी के लिए हो रही है तो लड़की भी आपकी पसंद की आने दीजिए।"

हम लोगों को इस तरह निरुत्तर कर वह उठने ही वाला था कि कड़कती आवाज आई–"सुनील!"

हम सब चौंक पड़े। क्या सचमुच यह भाभी की आवाज थी! उन्होंने नौकरों को तो दूर, कभी बच्चों को भी इस आवाज में नहीं बुलाया था। सुनील तो एकदम सकपका गया।

"सुनील, जरा बैठो।"

वह आदेश का पालन करता हुआ चुपचाप बैठ गया।

"सुनील!"

"जी।"

"लड़की देखने तो तुम नहीं जाओगे। पर शादी के बारे में तुम्हारा क्या विचार है?"

"जी, मैं समझा नहीं।"

"शादी करने तुम खुद जाओगे, या पुराने राजपूत राजाओं की तरह अपनी कटार और पगड़ी भेजोगे?"

एक बार फिर हम सब ठगे-से बुत बने भाभी को देख रहे थे।

"एक बात याद रखो सुनील, कि जहां कहीं भी हो, शादी तुम्हारी होगी। सेहरा बांधकर लड़की के दरवाजे तुम जाओगे। वह अनजान कोई तुम्हारा हाथ पकड़कर सिर्फ तुम्हारे लिए इस घर में आएगी।"

"मेरी बला से।"

"इस तरह की सूफियानी बातें करके तुम अपनी जिम्मेदारी से बच नहीं सकते।"

"मेरी कोई जिम्मेदारी नहीं है।"

सुनील भी अब तैश में आ गया था–"आप जानती हैं, सब जानते हैं कि यह शादी मुझ पर थोपी जा रही है। मैं चाहता हूं कि इस सच्चाई को और लोग भी जान लें। जितनी जल्दी जान लें, अच्छा है।"

"और लोग भी जान जाएंगे। मुझे विश्वास है, तुम पहली भेंट में ही उसे जता दोगे कि यह शादी तुमने अपनी मरजी से नहीं की है। परिवार की सुख-शांति के लिए तुमने यह त्याग किया है। लेकिन सुनील, इसमें तो कोई तुक नहीं है कि बाजे-गाजे के साथ तुम एक लड़की को ब्याहकर लाओ और

फिर शहीदाना भाव से उसके सामने अपनी मजबूरियों का बखान करो। एक मासूम लड़की को तो तुमने आंसुओं के सैलाब में डूबने के लिए छोड़ ही दिया है। अब तुम्हें कोई हक नहीं है कि दूसरी के कुंआरे सपनों में आग लगाकर उसे जिंदगी भर सुलगते रहने के लिए छोड़ दो। –हैव ए हार्ट सुनील! या तो सीना तानकर घोड़ी पर चढ़ो या दिलेरी से मना कर दो।"

और भाभी पता नहीं कब उठकर चल दीं। हम लोग स्तब्ध बने बैठे रहे। बड़ी देर बाद हमारी भावतंद्रा टूटी तो देखा, बड़े भैया ने अपना चेहरा दोनों हथेलियों से ढक लिया है।

कोहरे के पार

ताला खोलते ही एक विराट् सूनापन उसे जैसे लीलने को दौड़ पड़ा। उसे किसी तरह ठेलकर वह भीतर आई। वहां सब कुछ वैसा ही था जैसा वह छोड़कर गई थी। धूल की एक मोटी परत यहां-वहां जम गई थी। बस, पता नहीं क्यों, घर से जब भी लौटती है, अपने कमरे को जस का तस देखकर उसका मन अकारण उदास हो जाता है, जबकि वह जानती है कि कमरे की तरतीब को उलट-पुलट करने वाला कोई नहीं है। अगर बिखरा भी छोड़ जाए तो आकर समेटना उसी को है।

सामान पटककर उसने सोचा, पहले एक कप चाय बनाकर पी ले। गैस को झाड़न से पोंछकर उसने तीली जलाई और दूसरे ही क्षण बुझा दी। चाय क्या बनेगी खाक! दूध का तो सवाल ही नहीं उठता। लेकिन घड़े में पानी भी तो दस-बारह दिन पहले का पड़ा होगा। घर से लौटकर यही छोटी-छोटी बातें अखर जाती हैं और फिर हारकर रमा की शरण में जाना पड़ता है।

"पिंटू!" किचन की खिड़की खोलकर उसने आवाज दी।

जवाब में सामने की खिड़की खुली, "अरे दीदी! कब आईं आप?"

"बस, अभी चली आ रही हूं। रमा, सुखिया हो तो जरा एक जग भरकर पानी तो भिजवाना।"

"अभी लीजिए," रमा ने कहा और दूसरे ही क्षण पानी लेकर खुद चली आई। संकोच से भर उठी शीला।

"अरे, तुमने क्यों तक़लीफ की! सुखिया को भेज देतीं। पानी भी दे जाती और जरा झाड़ू भी लगा जाती। घर की शक्ल तो देखो जरा, क्या हो रही है।"

"वो तो सब हो जाएगा। आप उधर चलिए। चाय चढ़ाकर आई हूं।"

रमा के आग्रह को वह टाल नहीं सकी। चाय की तो इस समय बेहद जरूरत थी। चाय पीकर जरा चैन मिला तो वह नहाने चली गई।

बाथरूम से निकलकर देखा, इस बीच सुखिया घर को धो-पोंछकर चमका चुकी है। गीले बालों में तौलिया रगड़ते हुए उसने सोचा, अहा! उसके मन पर चढ़ा गर्द-गुबार भी कोई इसी तरह बुहार देता।

"दीदी, खाना इधर बना रही हूं। आज के दिन अपनी रसोई को आराम दीजिएगा," रमा ने पुकारकर कहा तो शीला ने मन ही मन उसे अनेक आशीर्वाद दे डाले। अपने आप बनाना और अकेले बैठकर खाना, कम से कम आज तो उसके लिए संभव न था। बेशक, वह भूखी सो जाती। रमा इस बात को अच्छी तरह जानती है। इसीलिए उसे छुट्टियों से लौटकर पहला खाना रमा के यहां ही खाना पड़ता है।

'कौन कहेगा कि बित्ते भर की लड़की मेरी मकान-मालकिन है,' शीला स्नेहार्द्र हो आई, 'बेचारी छोटी बहन की तरह आगे-पीछे डोलती रहती है।'

हमेशा की तरह रमा ने खाना खूब मन लगाकर बनाया था, पर शीला से खाया ही नहीं गया। उसकी मन:स्थिति वे लोग जानते थे इसलिए किसी ने इसरार भी नहीं किया। रमा और प्रमोद दोनों के चेहरे बता रहे थे कि वे काफी कुछ जानने को उत्सुक हैं। पर सौजन्यवश दोनों चुप बने रहे। तब शीला ने ही पहल की। बोली, "घर से लौटने के बाद इतना खराब लगता है। सच, तुम लोग न होते तो मैं क्या करती।"

अब उन दोनों का मौन टूटा, "घर पर सब ठीक तो हैं न?"

"हां, सब ठीक ही समझो।"

"अम्मां जी?"

"वे भी ठीक हैं। ईश्वर ने ही उन्हें शक्ति दे दी है। नहीं तो बुढ़ापे का शरीर, बीमारियों की फौज साथ लगी हुई। इतना बड़ा दु:ख कैसे झेल गईं, यही सोचकर आश्चर्य होता है।"

"वो तो ईश्वर अपने आप शक्ति दे देता है।" प्रमोद ने कहा।

"बच्चे कहां हैं?" रमा ने पूछा।

"लड़के तो दोनों अपने घर पर ही हैं। दोनों बड़े भी हैं। शशांक तो फर्स्ट इयर में पहुंच गया है। प्रशांत भी दसवीं में है। स्वाति की ही चिंता है।"

"बहुत छोटी सी है बेचारी!"

"और क्या? इतना शौक था दीदी को लड़की का। पता नहीं कितनी मन्नतों के बाद तो पैदा हुई है। और अब खुद उठकर चल दीं दूसरे लोक को।"

बातचीत फिर इसी बिंदु पर आकर थम गई। बाकी नीरवता में ही संपन्न हुआ। खाने के बाद शीला कुछ देर तक पिंटू के साथ खेलती रही और फिर क्षमा मांगकर अपने घर की ओर चली आई। बेहद थक गई थी वह। और

थकान भी क्या सिर्फ सफर की थी!

कमरे का दरवाजा बंद कर कितनी देर तक वह दरवाजे से लगी खड़ी रही। यह एकांत...अपने कमरे के इस एकांत के लिए तरस गई थी वह।

बिस्तर पर लेटते ही नितिन और नीलम की याद हो आई। बुआ के पास सोने के लिए कैसी महाभारत मची रहती थी दोनों में। इस बार तो हिस्सेदारों में स्वाति भी थी। पर बेचारी कुछ कहती नहीं थी। उदास आंखों से टुकुर-टुकुर ताकती रह जाती थी। उन दुष्टों के सो जाने के बाद शीला धीरे से उठ जाती और स्वाति को लेकर किसी दूसरे बिस्तर पर आ जाती। वह मातृहीना बच्ची तब उसे कसकर भींच लेती...

स्वाति की याद आते ही मन कैसा तो होने लगा। दीदी पर गुस्सा आने लगा जो यूं अचानक उठकर चल दीं। खुद तो चली गईं, पर उसे कैसी अजीब उलझन में डाल गई हैं।

बहुत रातों की जागी थी वह। सोचा था, बिस्तर पर पड़ते ही नींद आ जाएगी। पर विचार थे, जो गोल बनाकर उसके इर्द-गिर्द नाच रहे थे। वह परेशान हो उठी। लगा कि यह घुप्प अंधेरा उसे निगल जाएगा। रोशनी की एक किरण, हवा का एक झोंका कहीं से मिले तो वह जी जाए। अनमनी-सी वह उठी और उसने बाहर का दरवाजा खोल दिया।

बगल वाले कमरे में अब भी उजाला था। उसने झांककर देखा—रमा रेडियो के पास बैठकर बुनाई कर रही है।

"अब तक जाग रही हो?" उसने पूछा।

"अभी साढ़े नौ ही तो बजे हैं।"

"प्रमोद कहां है?"

"सैटरडे क्लब। पिछले शनिवार आप नहीं थीं तो मैंने जाने नहीं दिया था," रमा भी बाहर आ गई, "आज भला वे रुकते!"

"फिर मुझे आवाज क्यों नहीं दे ली? अकेली बैठी रहीं।"

"सोचा, आप थकी होंगी।"

शीला वहीं सीढ़ियों पर पसरकर बैठ गई।

"सच, बहुत थक गई हूं, पर नींद कहां आती है।"

बुनाई छोड़कर रमा भी उसके पास आ बैठी। धीरे से बोली, "नींद कैसे आएगी भला? इतना बड़ा शॉक है। वहां तो उतने लोगों के बीच पता नहीं चला

होगा, पर यहां, अकेले में..."

"रमा!"

"जी।"

"शॉक दीदी की मृत्यु का उतना नहीं है...पर जानती हो, वे लोग मुझे दीदी के स्थान पर देखना चाहते हैं।"

"ओह, नो।"

"सच कह रही हूं। अगर सिर्फ दीदी के ससुराल वाले ही ऐसा सोचते तो मुझे आश्चर्य नहीं होता, पर दुःख तो यह है कि अम्मां, भैया, भाभी, नीचू, चाचा–सबके सब पीछे पड़ गए हैं। मैं तो ग्लानि से भर उठी हूं। लगता है, जैसे दीदी की मृत्यु की कामना लेकर ही मैं इतने वर्षों तक अनब्याही बैठी रही।"

"और जीजा जी...वे क्या कहते हैं ?"

"वे क्यों कुछ कहंगे। जरूरत ही क्या है। पर उन्होंने कोई प्रतिवाद नहीं किया। यही स्पष्ट संकेत नहीं है क्या ! वे तो जानते हैं कि समाज बड़ा दयालु है। ज्यादा दिनों तक उन्हें कोई अकेला नहीं रहने देगा। वैसे दीदी खुद ही सारी व्यवस्था कर गई लगती हैं।"

"क्या व्यवस्था कर गई हैं दीदी ?" रमा ने पूछा।

"कह गई हैं–शीलू को स्वाति की मां बना लेना।"

कुछ क्षण स्तब्धता छाई रही। फिर रमा ने कहा, "साल–छह महीने के बाद शायद मैं भी यही सुझाव देती। पर इतनी जल्दी–ओह ! मैं तो सोच भी नहीं सकती।"

शीला ने एक भरपूर दृष्टि रमा पर डाली, "तुम भी यही सुझाव देतीं। क्यों रमा? तुम्हें क्या मैंने कभी अपनी कहानी सुनाई नहीं?"

"सुनाई है दीदी! जानती हूं, आप किसी स्वर्गीय आत्मा की पावन स्मृति में आराधना का दीप जलाए बैठी हैं। पर दीदी, जिंदगी सिर्फ भावनाओं के आधार पर नहीं चलती। उसे किसी ठोस सहारे की जरूरत होती है। आज नहीं तो कल आप इसे अनुभव करेंगी।"

"तब मैं वह सहारा खुद ढूंढ़ लूंगी।"

"और आज ये लोग जो..."

"मौका हाथ लगा है...यही कहना चाहती हो न?"

"मौका शब्द अच्छा नहीं लग रहा दीदी!"

"कुछ भी कह लो, क्या फर्क पड़ता है। तुम्हारा तो ठीक है। खुद अम्मां भी कह रही थीं कि तुम सोच-विचार करती रह जाओगी और रिश्ता हाथ से निकल जाएगा।"

"ठीक ही तो कह रही थीं अम्मां जी। इतना अच्छा घर-वर देखते ही लोग तो गुड़ की चींटियों की तरह दौड़ पड़ते हैं। तब वे उम्र का भी खयाल नहीं करते।" रमा ने कहा।

"तो तुम चाहती हो, मैं भी इस दौड़ में शामिल हो जाऊं?"

"निर्णय की जल्दी न सही, पर इस दिशा में सोच तो सकती हैं आप।"

"रमा! जीजा के रूप में वह व्यक्ति बहुत आदरणीय है मेरे लिए। पर पति के रूप में मैं उसकी कल्पना भी नहीं कर सकती। पता नहीं क्यों, विवाह को लेकर हम लोग सिर्फ दैहिक स्तर पर ही सोचते हैं। रुपए-पैसे से ही रिश्ते को तौलते हैं। इससे परे जैसे किसी चीज का अस्तित्व ही नहीं है। लेकिन मैंने अब जिंदगी को एक नए नजरिए से देखना सीखा है। मेरे जीने का ढंग बदल गया है। मेरे सोच की सीमाएं फैल गई हैं। अपने आसपास मैंने रंगों की एक नई दुनिया ईजाद कर ली है। चेतना के स्तर पर बहुत आगे बढ़ आई हूं मैं। अब पीछे लौटना संभव नहीं है।

"रमा! अब मैं उस व्यक्ति के साथ गुजारा नहीं कर सकती जिसकी दुनिया घर और दफ्तर तक ही सीमित है। फाइल और अखबार ही जिसके लिए साहित्य है। महीने में एक बार सिनेमा देख लेना जिसके लिए कला-प्रेम है और जो बच्चों का बीमा कराने या पत्नी के लिए साल में एकाध जेवर बनवाने में कर्तव्य की इतिश्री मानता है। नहीं रमा! ऐसे दुनियादार आदमी के साथ अब मेरा निर्वाह असंभव है।"

एक ही सांस में कितना कुछ कह गई शीला।

खिड़की से छनकर आते प्रकाश में रमा एकटक उसके तमतमाए चेहरे को देखती रह गई। उसका ज्वार थमते ही बोली, "सब कुछ अपने मन का सा कहां मिलता है दीदी! एडजस्ट तो करना ही पड़ता है।"

"उसकी भी एक उम्र होती है पगली ! शादी से पहले, लीला दी भी बैडमिंटन खेलती थीं, सितार बजाती थीं, कत्थक नाचती थीं, महादेवी के गीत गुनगुनाती थीं। पर शादी के अठारह वर्षों में उनकी उपलब्धि क्या रही-पांच-सात तरह के पुलाव, दस तरह के अचार, छत्तीस भांति की मिठाइयां और दर्जनों स्वेटर्स। सोलह साल की उम्र में ब्याही गई थीं। इसीलिए आसानी से उस सांचे

में ढल गईं। पर पैंतीस की आयु इतनी लचीली नहीं होती ना।"

स्कूटर के कर्कश हॉर्न और तेज रोशनी से दोनों चौंकीं। प्रमोद लौट आए थे। रमा ने दौड़कर गेट खोला।

"अरे, आप अभी तक जाग रही हैं !" प्रमोद ने कहा।

"क्या करें ! आपकी श्रीमती का मन जो बहलाना था।"

प्रमोद ने कृत्रिम रोष से रमा को घूरा। उसने शरमाकर नजर झुका ली।

थोड़ी देर बाद बगल वाला घर अंधेरे में डूब गया।

सच, यही उम्र है शादी की–शीला ने सोचा।

पति का प्यार, पति का गुस्सा, पति की अच्छी-बुरी आदतें–रमा कितने सहज भाव से सब कुछ स्वीकार कर लेती है। अपने व्यक्तित्व को उसने प्रमोद के साथ कितनी आसानी से जोड़ लिया है। अपनी अस्मिता को लेकर जरा भी परेशान नहीं होती वह।

'लेकिन उससे यह सब हो सकेगा?' उसने अपने आप से पूछा। उसके मन के किसी कोने से 'हां' की ध्वनि नहीं उठी।

नींद अब कोसों दूर थी, पर मन बहुत हलका हो आया था। पिछले दिनों मन में जैसे लावा सा उबलता रहा है, पर अपनी बात किसी से भी कहने का वह साहस नहीं जुटा सकी थी। सबने एक साथ उसे दोषी करार दे दिया था।

वह जानती है, इसके मूल में सबकी सद्भावना ही है। उसके एकाकी जीवन को लेकर सभी चिंतित हैं। जब भी घर गई है, एक न एक प्रस्ताव उसके सामने आता रहा है। अम्मां तो हमेशा कहती हैं–तेरी फिक्र के मारे मुझे चैन से मरना भी नसीब न होगा।

अब दीदी की मृत्यु ने उनके बच्चों की चिंता का एक बोझ और लाद दिया है। सभी ने इस गुत्थी को अपने ढंग से सुलझाना चाहा है। फिर दीदी की अंतिम इच्छा...वह भी तो इन सबके साथ आकर जुड़ गई है। उसका अनादर कैसे करे शीला!

'सच दीदी–मरते-मरते ये कैसा फरमान निकाल गईं तुम। कुछ तो खयाल किया होता मेरा। पूछा तो होता, मेरा मन क्या कहता है।'

पता नहीं क्या सोचकर वह एक झटके के साथ उठी। उसने टेबल लैंप जलाया और लिखने बैठ गई–

'आदरणीय जीजा जी,

'दीदी ने चाहा था कि मैं स्वाति की मां बनूं। मुझे सहर्ष स्वीकार है। दीदी की बात टालने का प्रश्न ही नहीं उठता। आप निश्चिंत होकर उसे मुझे सौंप दें...उसके बाद आप स्वतंत्र हैं। आपकी पत्नी बनने का सौभाग्य जिसे प्राप्त होगा, वह मुझे दीदी की तरह ही प्रिय होगी। बस इतना ही।'

पत्र को तहाकर उसने लिफाफे में बंद किया और पंद्रह दिन में पहली बार खुलकर सांस ली।

मन पर छाया कोहरा धीरे-धीरे छंट रहा था।

दंभ के घेरे

शनिवार की दोपहर बैंक की जल्दी छुट्टी हो जाती है, पर ये अकसर रोज की तरह साढ़े पांच बजे ही घर पहुंचते हैं। शहर में रहने वाली दीदी के यहां जाने के लिए शनिवार ही 'सूट' करता है। यों, हम लोग सपरिवार भी अकसर हो आते हैं, फिर भी शनिवार का नियम कभी नहीं टूटता। इस साप्ताहिक भेंट के मूल में भाई-बहन का प्यार तो है ही, पर उस बहाने दीदी के सुख-दुःख की, जरूरतों की पूछ-परख भी हो जाती है। यद्यपि, मुझसे कुछ भी छिपा नहीं रहता, फिर भी ये सोचते हैं, कई बातें ऐसी हैं, जो शायद दीदी मेरे सामने कह नहीं पाएंगी। मैं उनके इस भ्रम को बनाए हुए हूं।

पर उस दिन पता नहीं क्या हुआ, वहां से लौटते ही मुझ पर बरस पड़े, "हर जगह अपनी अक्लमंदी का सबूत क्यों दे आती हो?"

"क्या हुआ?" अपमान से आहत होते हुए मैंने पूछा।

"होना क्या है? वहां, दीदी के यहां महेश का जिक्र चलाने की क्या जरूरत थी?"

"मान लो, जिक्र किया भी तो कौन सी ऐसी कयामत आ गई!"

"पता है, दीदी कितना रो रही थीं। बोलीं, कुसुम के लड़की नहीं है, इसी से इतना ऐंठी रहती है। जो मुंह में आया, बेछूट कह डालती है।"

"ऐसी मैंने कोई गाली-गलौज तो की नहीं है, जो इतना हंगामा बरपा जा रहा है। पता है, दीदी उस दिन खूब रो रही थीं। बोलीं, 'दोनों लड़कियों की शादी में हम कंगाल हो गए। अब ये दो और छाती पर बैठी हैं। वो दोनों तो सीधी थीं। जहां ब्याह दिया, चली गईं। पर नीता तो डॉक्टर-इंजीनियर से नीचे बात ही नहीं करती। झोला भर रुपए हों, तब कहीं डॉक्टर 'वर' जुटता है, पर लड़की समझे तब न! हम तो इन्हें पढ़ा-लिखा कर पछता रहे हैं।' उन्होंने इतनी बात की, तब मैंने महेश की चर्चा की थी।"

"चर्चा करने से पहले कुछ तो सोचा होता।"

"सोचना क्या है? ब्राह्मण का लड़का है, एम. एस. कर चुका है। अच्छी नौकरी है। कोई जिम्मेदारी नहीं। घर में बस एक मां है।"

"और, वह मां कभी तुम्हारे यहां खाना बनाया करती थी।"

"तो क्या हुआ? मुसीबत किस पर नहीं आती। एक अनपढ़, बेसहारा औरत और कर ही क्या सकती थी! कोई चोरी-चकारी तो नहीं की उसने। मेहनत-मजदूरी करके बच्चे को इस योग्य बनाया है। मैं तो लड़के को भी दाद दूंगी, जो इन परिस्थितियों में पलकर डॉक्टर बना है। सच, मेरी अपनी कोई लड़की होती तो मैं खुशी से ब्याह देती।" मैंने तमककर कहा।

"बस-बस, अब अपनी अक्लमंदी रहने दो। पता नहीं है, नीता एकदम आग हो रही थी। बोली, मामी जी से कह देना, मेरी चिंता न करें। मिसरानी के लड़के से शादी करने की अपेक्षा मैं कुंआरी रह जाऊंगी, वह मुझे मंजूर है।"

"कुंआरी रहो तो अपनी बला से! हमें क्या करना है?" मैंने कहा और बात समाप्त कर दी।

सच, दीदी पर गुस्सा आ रहा था। जब भी मिलती हैं, लड़कियों का रोना लेकर बैठ जाती हैं। सीता, गीता की शादी में सब स्वाहा कर बैठी हैं। दो फिर भी बाकी हैं। छोटे कुलदीपक अभी हाईस्कूल में हैं। पता नहीं, वे कब कमाकर देंगे। लड़कियां तो तब तक बूढ़ी हो जाएंगी। छोटी रीता तो फिर भी अभी बी. एस-सी. कर रही है। पर नीता तो कब से एम. ए. कर चुकी है। बी. एड. किए भी ये दूसरा साल चल रहा है। कहीं जुगाड़ ही नहीं बैठ रहा। सरकारी नौकरी अव्वल तो मिलती नहीं। मिलती भी है तो दूर-दराज गांव-देहात में जाना पड़ता है। इसीलिए एक प्राइवेट स्कूल में पढ़ा रही हैं। ढाई सौ पर दस्तखत करवाते हैं और डेढ़ सौ पकड़ाते हैं।

महेश की बात चलाकर अपनी समझ से मैंने तो कोई बेवकूफी नहीं की। उसकी मां मेरे यहां कुछ दिनों तक खाना बनाया करती थी, यह सच है, पर इससे लड़के की गुणवत्ता में तो कोई फर्क नहीं आता।

और मां बेचारी करती भी क्या? पति की मृत्यु के बाद जेठ-देवरों ने मिलकर जायदाद हड़प ली और झाड़ू मारकर घर से निकाल दिया। पीहर में वैसे ही हालत खस्ता थी। विधवा ननद और भानजे को देखकर भाभियों के तेवर ही बदल गए। काकी लेकिन हिम्मत वाली थीं। किसी दूर के रिश्तेदार का सहारा लेकर शहर आईं तो फिर पलटकर गांव की ओर नहीं देखा।

मेरे लिए तो वह जैसे भगवान् बनकर ही आई थीं। विनय के समय

बीमारियों ने मुझे ऐसा जकड़ा कि छह महीने मैं खाट से उठ नहीं पाई। नन्हे अजय-अभय अनाथ से यहां-वहां घूमते रहते। दीदी आ जाती थीं। कभी उनकी लड़कियां रह जातीं। पर आखिर कोई कितने दिन अपनी गृहस्थी, अपनी पढ़ाई छोड़ मेरे पास रह जाता।

काकी मेरे भाग्य से ही उन दिनों शहर आई थीं। उनके वे रिश्तेदार हमारे ही मुहल्ले में रहते थे। अपना एक कमरा उन्होंने मां-बेटे के लिए खाली कर दिया था। आजीविका उन्हें अपनी तलाशनी थी। काम की तलाश में ही वह मेरे घर आई थीं और फिर जैसे इस घर की होकर ही रह गईं। मुझ पर तो उनके असंख्य उपकार हैं। मेरे अजय-अभय को उन्होंने ही पाला है। बीमारी में उन्होंने मेरी जैसी सेवा की, वैसी बस मां ही कर सकती है।

विनय कुछ बड़ा हो गया तो मैंने फिर अपनी गृहस्थी संभाल ली। किसी परिचित से कह-सुनकर इन्होंने काकी को 'नारी कल्याण' में लगवा दिया था।

पर हम लोगों के संबंध यथावत् बने रहे। मुझे जब भी जरूरत हुई काकी हमेशा दौड़ी चली आई। महेश तो जैसे इस घर का ही बच्चा था। इसी घर में बैठकर उसने अपनी पढ़ाई की है। उससे कुछ ऐसी ममता हो गई थी कि उसकी फीस, पुस्तकें और कभी-कभार कपड़े भी यहीं से जाते थे। वैसे, लड़का जहीन था। हमेशा स्कॉलरशिप पाता रहा। फिर भी काकी हमारे ऋण को कबूलती हैं। जब भी कोई बच्चे की तारीफ करेगा तो यही कहेंगी, "भैया, मैंने तो जनम भर दिया है। असली मां-बाप तो यही हैं।"

अब तो महेश की नौकरी लग गई है। चार-पांच साल से काकी घर में बैठकर भगवत-भजन कर रही हैं। फिर भी कहीं से रिश्ते की बात आती है तो भागी-भागी मेरे पास आती हैं, "दुलहिन, तुम ही जरा ठीक से देख-दाख दो। मैं गंवार क्या जानूं?"

मैं कहती हूं, "महेश से पूछो न! आखिर, शादी तो उसे ही करनी है।"

महेश से बात करने पर वह कहता, "भाभी, मेरी तो बस एक ही शर्त है। तुम जिसे कहोगी, ब्याह लूंगा। बस, वह मेरी मां का अनादर न करे। इससे अधिक मुझे कुछ नहीं चाहिए।"

मुझे विश्वास था कि वह मेरी बात नहीं टालेगा। इसीलिए हिम्मत करके उस दिन दीदी के यहां बात चलाई थी। पर सब उलट-पलट हो गया। मेरी ही जान सांसत में पड़ गई।

मन इतना खट्टा हो गया था कि अगले कई दिनों तक, बल्कि महीनों तक मैंने दीदी के घर में पांव नहीं दिया। ये बदस्तूर जाते रहे। इन्होंने ही आकर एक दिन खबर दी, नीता की शादी तय हो गई है।

"अच्छा! कहां हुई है?"

"यहीं भोपाल में।"

"लड़का क्या करता है?"

"वल्लभ भवन में है।"

"वहां क्या है?"

"बाबू है।" ये बेवजह चिढ़ गए।

"उसके सपने तो बड़े ऊंचे हुआ करते थे।" मैंने चिकोटी ली।

"ऊंचे सपने कौन नहीं देखता!" ये बिना बात मुझ पर बरस पड़े, "पर उन सपनों की कीमत चुकाने लायक पैसे भी तो हों जेब में। समझती कुछ हो नहीं, बस, शुरू हो जाती हो।"

फिर एक बार भात जुटाने का चक्कर शुरू हो गया। पांच बहनों में अकेले भाई हैं यह। एक साल भी खाली नहीं जाता। कहीं न कहीं जाना ही पड़ता है। बड़ी हसरत से कोई 'प्लान' बनाते हैं, पर उसकी स्याही सूखती भी नहीं और किसी बहन के यहां से निमंत्रण आ जाता है। सारे अरमान मन में ही रह जाते हैं। आय के सारे स्त्रोतों से खुरच-खुरचकर पैसा जोड़ते हैं और सामान लेकर शादी में पहुंचते हैं। पर बहनों के मुंह हमेशा फूले ही रहते हैं। पता नहीं, उनकी अपेक्षाएं कहां खत्म होती हैं? भाई की मोटी तनख्वाह तो सबको याद रहती है, पर उसकी जेब में लगे अनगिनत छेदों की बात शायद सब जानबूझकर भूल जाती हैं। उस माहौल में मैं अकारण अपराधबोध से भर उठती हूं। विनय तो अभी छोटा है, पर अजय-अभय तो इस सालाना प्रोग्राम से इतने ऊब चुके हैं कि उन्होंने साथ जाना ही छोड़ दिया है।

बड़ी दीदी के यहां कोई शादी होती है तो परेशानी और भी बढ़ जाती है। भात तो खैर देना ही पड़ता है, पर शहर का मामला होने से दूसरे सौ खर्च चुपचाप लग जाते हैं। आधे मेहमान यहीं रुकते हैं। बहनें शादी के बहाने आती हैं, पर मेहमानदारी भाई के यहां होती है। काम के लिए सुबह-शाम चक्कर लगाना पड़ता है तो पेट्रोल का खर्च दुगुना हो जाता है।

हम लोगों ने एक रविवार का 'सदुपयोग' किया और डेढ़-दो हजार फूंककर सामान ले आए। अभी उनके 'रैपर्स' खुले भी नहीं थे कि दीपक

साइकिल पर भागा-भागा आया, "अम्मां ने कहा है, हम लोग डायनिंग टेबल नहीं ले पाए हैं। आप लोग और कुछ न दें। बस, वही भर दें।"

इतनी कोफ्त हुई। यह वक्त है कहलाने का! रोज सुबह-शाम चक्कर लग रहे हैं। कल तो कहकर आए थे कि रविवार को शॉपिंग करनी है। तब कह देतीं तो क्या बिगड़ जाता? अब क्या-क्या लौटाते हम। साड़ियां भले ही दुकानदार ले लेता, पर उसके बदले कुछ तो लेना ही पड़ता। और कटे हुए 'पीसेस' कौन वापस लेगा? खैर, फिर भी डायनिंग टेबल तो लेनी ही थी। दीदी ने खुद कहलवाया था, मना कैसे कर देते!

इसके बाद भी बात नहीं बनी। दीदी की जिठानी रूठी रहीं कि उनके लिए साड़ी नहीं आई। दीदी कहती रहीं कि हमारी वाली दे दो, पर यह नहीं कहा कि खुद हमने ही कपड़ों के लिए मना करवाया था। नीता को सनमायका का डिजाइन पसंद नहीं आया था। दीपक ने पोलिएस्टर 'शर्ट पीस' की आशा की थी। 'टी शर्ट' पाकर उसने इतना बुरा मुंह बनाया कि बस !

सबके चेहरे पढ़कर मेरठ वाली दीदी बोलीं, "अकेला बेचारा, फिर भी जैसे-तैसे कर तो देता है। मां-जाये का फर्ज तो निभाता है।"

यानी यह केवल फर्ज अदायगी हुई, जैसे-तैसे करना हुआ। मेरा तो खून खौल उठा और अब बड़ी भली बन रही हैं। पिछले वर्ष उत्तम की शादी में कैसा नाटक किया था। एक ही लड़का है उनका तो हम क्या करें ? हमें तो हर साल भुगतना है। इसी से तो ये रिश्तेदारियां अखरती हैं। कोई खुले मन से किसी के यहां जा नहीं सकता।

मन एकदम बुझ सा गया था। मैं सौंपे गए काम बेमन से निबटा रही थी। नीता को बीच में बिठाकर औरतें ढोलक कूट रही थीं। वहीं पीछे बैठी कुछ जिज्ञासु महिलाएं खुसरफुसुर कर रही थीं। लड़के की, उसके परिवार की ही चर्चा हो रही थी।

"सुना है, बाप हेडमास्टर है।"

"बड़ा भाई शायद तार ऑफिस में है।"

"एक बहन अनब्याही बैठी है। कॉलेज में पढ़ाती है।"

"लड़का क्या करता है?"

"बाबू है।"

"अरे!"

"अरे क्या! पंद्रह हजार में क्या डिप्टी कलेक्टर मिलेगा?"

"तनखा क्या है ?"

"साढ़े पांच सौ बता रही थीं।"

पता नहीं मुझे एकदम क्या सूझा। इतनी देर तक चुपचाप बैठी मैं एकदम बोल पड़ी, "हुं, साढ़े पांच सौ तो महेश बंबई में अपने फ्लैट का किराया दे रहा है।"

नीता ने तड़पकर मेरी ओर देखा, पर मैं खुश थी। मन एकदम हलका हो गया था, जैसे पुराना हिसाब चुकता हो गया हो।

शाम को मंडप को रंगोली से सजा रही थी कि रीता धीरे से पास आकर बैठ गई।

"मामी जी, एक बात कहनी थी।" उसका स्वर बुरी तरह कांप रहा था। मैं समझ गई। रात के लिए साड़ी की मांग होगी। शहर में रहने से यही तो होता है। चाहे कॉलेज में 'गैदरिंग' हो या सहेली की शादी–सबको साड़ियां चाहिए, जैसे मामी जी ने दुकान खोल रखी हो।

मैं समझ तो गई थी, फिर भी अनजान बनते हुए पूछा, "कहो, क्या बात है?"

"आप किसी से कहेंगी तो नहीं?"

"न!"

फिर भी वह चुप रही और जमीन पर काल्पनिक अल्पना बनाती रही। जब मैंने टोका तो उसने अपना साहस बटोरकर कहा, "मामी जी, मैं नीता दीदी की तरह गोरी तो नहीं हूं, पर आपके महेश यदि मुझे पसंद कर सकें..."

"लेकिन बेटे...!"

"मामी जी, मैं इस सवाल से तंग आ गई हूं। दो साल बाद पापा फिर मेरे लिए भटकना शुरू कर देंगे। लड़कों के भाव तो दिन पर दिन बढ़ते ही जा रहे हैं। मेरी शादी के बाद तो गुड्डू के लिए घर में कानी कौड़ी भी नहीं बचेगी। वह मेरा इकलौता भाई है मामी जी, मैं चाहती हूं, वह खूब पढ़े, इंजीनियर बने। उसे खूब बड़ा आदमी बनना है। मैं अपने हिस्से के सारे रुपए उसके नाम कर दूंगी।"

कांपते स्वर में बड़ी मुश्किल से वह अपनी बात कह पाई और बात खत्म करते ही भाग खड़ी हुई। शायद, इतनी बड़ी बात कहने के बाद उसे वहां बैठना अच्छा नहीं लगा होगा।

पर, वह कुछ देर रुकती, मुझे कुछ कहने का मौका देती तो मैं कहती, 'रीता, तूने बहुत देर कर दी बेटे! यह हिम्मत थोड़ा पहले जुटा लेती तो... महेश की पिछले हफ्ते ही सगाई हो चुकी है। इतना लायक लड़का मुफ्त में मिलने लगे तो कोई छोड़ेगा भला! सभी लड़कियां नीता जैसी बेवकूफ नहीं होतीं।'

स्नेहबंध

"मां, ये हैं मीतू–मैत्रेयी।"

ध्रुव ने परिचय करवाया तो देखती ही रह गई। कटे बाल के नीचे एक छोटा सा चेहरा–वह भी आधा गॉगल्स से ढका हुआ। नेवी ब्ल्यू रंग की जींस के ऊपर चटख पीले रंग का पुलोवर। उस पर बने हुए केबल्स इतने प्यारे कि कोई और होता तो पास बिठाकर पहले डिजाइन उतार लेती–बाकी बातें बाद में होतीं।

पर ये मीतू थी–मैत्रेयी।

अपनी सारी प्रतिक्रिया मन ही में समेटकर मैंने सहज स्वर में कहा, "ड्राइंगरूम में चलकर बैठो तुम लोग, मैं पापा को बुला लाऊं।"

बच्चों के पापा हस्बेमामूल बगिया में ईजी चेयर में लेटे अखबार पढ़ रहे थे। चार पन्नों का अखबार है, लेकिन पढ़ने में सुबह से शाम कर देंगे। अपनी सारी खीज उन पर उंडेलते हुए मैंने कहा, "बहूरानी आई हैं, चलकर मुआयना कर लीजिए।"

"बहूरानी!" उन्होंने चौंककर पूछा, फिर चश्मा उतारकर मुझे सीधे देखते हुए बोले, "बहूरानी आई है तो तुम्हारा स्वर इतना तल्ख क्यूं है?"

एक–दो नहीं, साथ रहते पूरे अट्ठाईस साल हो गए हैं। मेरे स्वर का एक–एक उतार–चढ़ाव उन्हें कंठस्थ हो गया है। फिर भी मैंने कोई जवाब नहीं दिया और चाय बनाने के बहाने रसोई में चली गई।

आधा–पौना घंटा बाद जब चाय–नाश्ता सजाकर बाहर ले गई, उस समय ड्राइंगरूम कहकहों से गुलजार था। इस बीच शायद शिव भी कॉलेज से लौट आया था और उसी के किसी चुटकुले पर सब लोग ठहाके लगा रहे थे।

मुझे देखते ही शिव ने आगे बढ़कर ट्रे थाम ली। ध्रुव ने मेज से सारा कबाड़ हटाकर जगह बनाई। पानी का जग और चटनी की शीशी अंदर छूट गई थी। ट्रे रखकर शिव दौड़कर दोनों चीजें ले आया। सब कुछ एकदम स्वाभाविक ढंग से ही हो रहा था। जब से सविता ससुराल गई है, बच्चे इसी तरह मां का

हाथ बंटा लेते हैं। पर पता नहीं क्यों आज मुझे यह सब अच्छा नहीं लगा। थोड़ा सब्र तो किया होता इन लोगों ने! मैं भी तो देखती, मीतू नाम की यह लड़की कितना अदब-कायदा जानती है। घर की बहू बनकर आ रही है, यह तो हुआ नहीं कि खुद चलकर किचन तक आती, झूठ-मूठ ही सही, मदद के लिए पूछती। बस, लाट साहब की तरह बाहर बैठी रही। लड़के बेचारे बैरों की तरह दौड़-धूप कर रहे हैं।

नाश्ते के लिए गरम समोसे बना लिए थे। सूजी के लड्डू और घर का बना चिवड़ा भी साथ था। जनता के नाश्ते का सरंजाम देखा और खुश हो गई।

"हाय मां! आपने यह सब घर पर बनाया है," मीता किलककर बोली, "मैं तो बिलीव नहीं कर सकती–रोज इतना रिच नाश्ता देती हैं आप! तभी आपके दोनों सुपुत्र मोटूमल हो रहे हैं।"

"ऐ! हमें नजर मत लगाओ," ध्रुव ने टोका, "मां की जीवन भर की साधना है हमारे पीछे।"

"जानती हैं मीता जी," शिव ने कृत्रिम गंभीरता ओढ़कर कहा, "मां ने हमको खिला-पिलाकर ऐसा तैयार कर दिया है कि अब कैसी ही कर्कश बीवी मिले, हम निपट लेंगे। मैदान छोड़कर भागेंगे नहीं।"

कमरा एक बार फिर हंसी में डूब गया। मुझे लेकिन बड़ा ताव आ रहा था। मेरे बच्चों को मोटूमल कहने का हक इसे किसने दे दिया? अभी तो घर में आई भी नहीं और रोब झाड़ने लगी? वाह, यह भी कोई बात हुई! तुम्हारे मां-बाप ने तुम्हें नहीं खिलाया तो हम क्या करें? तुम अपने राज में डबलरोटी खिला-खिलाकर उसे दुबला कर लेना–बस!

"चलूं मां," मैंने अपनी तंद्रा से चौंककर देखा, सब लोग उठ खड़े हो गए थे। मीता नमस्ते कर रही थी। फिर वह चली गई। गेट तक छोड़कर हम लोग लौट आए। ध्रुव उसे घर तक छोड़ने चला गया।

"पहली बार आई थी," बच्चों के पापा घर में आते ही शुरू हो गए, "जिस-तिस को तो तुम नेग बांटती फिरती हो। उसे यूं ही खाली हाथ भेज दिया!"

मैंने कोई जवाब नहीं दिया। खाली प्लेट-प्याले समेटकर रसोई में चली आई। हुंह! पहली बार आई थी तो कोई क्या करे! रीति-रिवाजों का ठेका क्या हमने ही ले रखा है! वह क्या एक बार झुककर पैर नहीं छू सकती थी! एकदम ही अंग्रेज बनी जा रही थी।

सारी शाम मैं रसोई में ही बनी रही। मुझे मालूम था, मेरी प्रतिक्रिया जानने को सब उत्सुक होंगे। पर मैंने किसी को हवा नहीं लगने दी। शिव एक-दो बार आकर मंडरा गया, पर मैं व्यस्त होने का दिखावा करती रही।

रात खाने की मेज पर भी एक अव्यक्त तनाव था। बच्चों के पापा ने एक-दो चुटकुले सुनाकर उसे तोड़ने की कोशिश भी की, पर बात कुछ बनी नहीं।

खाने के बाद भी काम कहां खत्म होता है! सारे दरवाजे-खिड़कियां मुझी को देखनी होती हैं। घर भर की बत्तियां बुझानी होती हैं। टंकी में पाइप छोड़ना होता है। दूध-दही के बरतनों को जाली की अलमारी में रखना होता है। आंगन में सूखते कपड़े उतारना होता है।

एक-एक काम निपटाती जा रही थी कि देखा, ध्रुव पास आकर खड़ा हो गया है।

"मां!" उसने कांपते हुए स्वर में पुकारा।

"क्या है?" तौलिये को तहाते हुए मैंने पूछा।

"तुम्हें....तुम्हें मीता कैसी लगी?"

"मेरे लगने का क्या है! तुम्हें पसंद आनी चाहिए, बस!"

"नो ममा। तुम्हारी पसंद बहुत जरूरी है। तुम्हारी और पापा की।"

शाम से मन में जो अंधड़ उठ रहा था, ध्रुव के प्रश्न से तीव्र हो उठा।

"तुमने जवाब नहीं दिया मां!"

"अच्छा, यह बताओ, क्या उसे पता था कि तुम उसे कहां ले जा रहे हो?" मैंने प्रतिप्रश्न किया।

"हां, क्यों?"

"तो क्या वह ढंग के कपड़े पहनकर नहीं आ सकती थी? कम से कम तुम उसे..."

"मैंने कहा था मां!"

"फिर?"

"वह बोली, मैं जैसी हूं, वैसी ही उन्हें देख लेने दो। बेकार नाटक करने से फायदा...खैर, कपड़ों को छोड़ो। वैसे कैसी लगी, बताओ।"

ध्रुव इतनी आजिजी से पूछ रहा था कि उसका दिल दुखाते न बना।

"अच्छी है," मैंने अनमने ढंग से कहा और बात समाप्त कर दी। वरना सच तो यह था कि मैंने मीता को ठीक से देखा ही नहीं था। पहली ही नजर

में उसका हुलिया देखा और मन खट्टा हो गया था। बहू को लेकर मन में कितनी कोमल कल्पनाएं थीं, सब राख हो गई थीं। गुस्सा तो अपने लाड़ले पर आ रहा था। प्रेम करते समय इन लोगों की अक्ल क्या घास चरने चली जाती है!

कैसे प्यारे-प्यारे रिश्ते आ रहे थे-पर तकदीर में तो यह सर्कस-सुंदरी लिखी थी न!

एक उसांस भरकर रह गई मैं।

एक बार हम लोगों की स्वीकृति की मुहर लगने भर की देर थी-फिर तो सारे काम फटाफट और कायदे से होते चले गए। मीता के पिता जी स्वयं घर आए और उन्होंने औपचारिक रूप से रिश्ते की पहल की। मीता को अपनी बहू बना लेने के लिए करबद्ध निवेदन किया। उन्होंने बताया कि पत्नी की मृत्यु के बाद उनके बच्चे अकसर होस्टल में ही पले हैं। वे भी हमेशा टूर पर ही बने रहे। दो साल पहले लड़की की शादी हुई है। तब से घर कुछ आकार ग्रहण करने लगा है। होस्टल में रहने के कारण मीतू काफी कुछ सीखने से वंचित रह गई है। वे तो डर रहे थे, पर ध्रुव ने उन्हें आश्वस्त किया है कि मां बहुत सहनशील और स्नेहमयी हैं, वे उसे अपने अनुसार ढाल लेंगी।

उत्तर में ध्रुव के पापा ने भी उन्हें आश्वस्त किया। कहा कि हम लोग इतने दकियानूसी नहीं हैं कि एक आर्किटेक्ट लड़की में सोलहवीं सदी की बहू तलाशें।

इस प्रकार बहुत ही सौजन्यपूर्ण वातावरण में परिचय का पहला दौर समाप्त हुआ। फिर धूमधाम से सगाई हुई। दोनों पक्षों ने जी खोलकर खर्च किया। दान-दहेज तो कुछ लेना था नहीं, लेन-देन की कड़वाहट भरी चर्चा से बच गए हम लोग। फिर भी मैंने सबकी नजर बचाकर समधी जी के हाथ में एक लिस्ट थमा दी थी। पहले बेटे की शादी थी। नाते-रिश्तेदारों के नेग तो मिलने ही चाहिए थे। अपनी बेटी को तो लोग देते ही हैं। जिंदगी भर यह देना समाप्त ही नहीं होता। पर बाकी लोगों को मौका तो सिर्फ शादी में ही आता है न।

एक लिस्ट मैंने ध्रुव को भी पकड़ाई थी। लिस्ट क्या थी, होने वाली बहू के लिए आचारसंहिता थी-

- मीता अब शादी के बाद ही इस घर में आएगी।
- भविष्य में वह बाल नहीं कटवाएगी।

- हाथ में चूड़ियां डालने की आदत डालेगी।
- शादी में सिर ढकेगी।
- घर में मेहमान रहेंगे तब तक साड़ी पहनेगी।
- लोगों के सामने ध्रुव को नाम लेकर नहीं पुकारेगी।

खूब लंबी सूची थी। बारीक से बारीक जो भी बात याद आती गई, जोड़ दी थी। शिव ने तो उसका नाम बीससूत्री कार्यक्रम रख दिया था। आते-जाते ध्रुव को छेड़ देता, "दादा भाई, भाभी को कितने सूत्र रटा दिए?"

कभी कहता, "भाभी से कहना, फर्स्ट डिवीजन नहीं आने से भी चलेगा, पर कम से कम पासिंग मार्क्स तो आने ही चाहिए।"

यह छेड़छाड़ सिर्फ मजाक के तौर पर नहीं होती थी। इसमें एक अव्यक्त आक्रोश भी था। मां के कारण उन लोगों की इमेज एकदम पुराणपंथी हो गई थी। ध्रुव मुंह से तो कुछ नहीं कहता था, पर शिव के छेड़ने पर जैसी उदास हंसी हंस देता, उससे यह स्पष्ट हो जाता था।

आखिर एक दिन मैंने कह ही दिया, "देखो शिव, ये मजाक उड़ाने वाली बात नहीं है। ये मत सोचो कि मैं अपने लिए कुछ कर रही हूं। मेरी तो बस यही इच्छा है कि नई बहू की आते ही आलोचना न शुरू हो जाए। आखिर मेरी भी तो वह कुछ लगती है—और तुम तो जानते हो—शादियों में कुछ लोग आते ही इसी मकसद से हैं कि नुक्स निकालें और आलोचना शुरू कर दें।"

बच्चे इसके बाद चुप हो गए थे।

वैसे मैंने एकदम गलत भी नहीं कहा था। शादी में सचमुच कुछ लोग मीनमेख निकालने के लिए ही आते हैं। नई-नवेली दुलहनों को सबसे ज्यादा आलोचना झेलनी पड़ती है। झूठ क्यों बोलूं—खुद ही मैं कई बार इस अभियान में सम्मिलित हुई हूं। दोनों ओर के परिवारों में अब तक जितनी बहुएं आई हैं, सबके लिए मेरे पास कहने के लिए कुछ न कुछ है। सुरेश की बहू रसोई तक में चप्पलें पहनकर घूमती है। महेश की बहू नौ बजे से पहले बिस्तर नहीं छोड़ती। राजन की बहू रसोई में झांकती तक नहीं। आलोक की बहू चौबीसों घंटे उसके नाम का जाप करती रहती है। जेठ, ससुर तक का उसे होश नहीं रहता। निखिल की बहू तो और भी तीसमारखां है। जहां पति को चार लोगों के बीच हंसते-बोलते देखेगी, बच्चे को लद्द से लाकर गोद में पटक देगी। उस पर तुर्रा यह कि "कोई मेरी अकेली का नहीं है, जो दिन भर मैं ही लादे फिरूं।"

सुन-सुनकर कान पक गए तो बुआ जी ने एक दिन कह ही दिया, "बहू! सब जानते हैं कि बच्चा कोई अकेले नहीं पैदा करता, पर उसका कोई इस तरह ढिंढोरा नहीं पीटता।"

ये सारे नमूने मेरी आंखों के सामने थे। इसीलिए मन में एक आदर्श बहू की कल्पना थी। सोचा था कि ध्रुव के लिए जो लड़की लाऊंगी वह इन सबसे अलग होगी।

पर अपना सोचा सब कहां हो पाता है!

"तुम्हारी सारी शर्तों का पालन करेगी तब तो तुम्हें वह अच्छी लगेगी न मां!" ध्रुव ने एक दिन गले में बांहें डालकर बड़ी आशा से पूछा था। तब यही सोचकर संतोष कर लिया था कि लड़का आज भी मुझे कितना चाहता है। आसपास के वातावरण को देखते हुए यह भी कम न था।

शादी हुई और खूब धूमधाम से हुई।

घर की पहली शादी थी। अनगिनत मेहमान आए थे। उनमें से कइयों को निराश लौटना पड़ा। टीका-टिप्पणी का एक भी मौका हाथ नहीं लगा।

मैं खुद बहुत डरी हुई थी। एक तो लड़की की मां नहीं थी। कर्ताधर्ता बड़ी बहन थी, जो अमेरिका में ही बस गई थी। पति-पत्नी दोनों डॉक्टर थे। भैया-भाभी तो अभी नए ही थे। पर स्वागत-सत्कार में, खान-पान में कहीं कोई त्रुटि या अव्यवस्था नहीं हो पाई थी।

मीता के पापा तो बिछे जा रहे थे, पर बहन-बहनोई, भैया-भाभी, चाचा-ताऊ सभी सौजन्य और विनम्रता की मूर्ति बने हुए थे।

और जयमाल के समय जब मीता को देखा तो बस आंखें जुड़ा गईं। अपना यह रूप-लावण्य इतने दिनों तक उसने कहां छिपा रखा था। लाल, सुर्ख बनारसी साड़ी में लिपटी वह किसी सलोनी गुड़िया-सी लग रही थी।

अंतर्जातीय विवाह को लेकर एक शूल था मन में, वह भी जाता रहा। इसी बात को लेकर ननदरानी कोंचती रही हैं। अब सर उठाके सबके सामने कह सकूंगी, 'भाई, हमने तो लड़की का रूप-गुण देखा, विद्या-बुद्धि देखी और घर-परिवार देखा, बस, जात-पांत को आजकल पूछता ही कौन है?'

आठ-दस दिन घर में मेला-सा लगा रहा।

मीता जितने दो-चार दिन रही, ननदों के बीच दबी-ढकी बैठी रही। उनके बच्चों को लाड़-दुलार करती रही, रिश्ते की सास और जिठानियों की

मान-मनुहार करती रही। सभी लोग प्रसन्न थे और जाते समय हर कोई मुझे बधाई देता हुआ गया।

शादी के बाद दोनों आठ-दस दिन के लिए मसूरी घूमने चले गए थे। उनके लौटने तक मैंने सविता को रोक लिया था। सोचा, ननद-भौजाई थोड़े दिन साथ रह लेंगी।

दूसरे दिन सुबह-सुबह मैं रसोई में व्यस्त थी कि सविता पास आकर फुसफुसाई, "मां! बहू रानी को तो देखो।"

देखो, बड़े-बड़े पीले फूलों वाली मैक्सी पहनकर वह मेज पर प्लेटें लगा रही हैं।

मैं और सविता-दोनों एक-दूसरे का मुंह ताक रहे थे। इस बात को कौन उठाए, और कैसे? मैं तो आजकल लड़कों से खौफ खाने लगी थी। पर सविता तो उन दोनों को घास नहीं डालती थी। दनदनाती हुई बाहर चली गई और बोली, "मीतारानी! आज ये कौन सी ड्रेस निकाल ली?"

"घर की ड्रेस है दीदी!" फिर सविता की प्रश्नार्थक दृष्टि को समझते हुए बोली, "मां का ऑर्डर था कि मेहमानों के सामने साड़ी पहननी होगी। इसलिए इतने दिन पहनती रही। पर इतना बंधा-बंधा लगता है उसमें।"

"तो हमें मेहमानों में नहीं गिनतीं तुम?"

"आप तो घर की हैं-दीदी हैं अपनी।"

और कोई वक्त होता तो मैं इसी बात पर निहाल हो जाती, पर इस समय समस्या जरा नाजुक थी। मैंने आगे बढ़कर कहा, "बेटे, घर में जब-तब कोई आ निकलता है और लोग अकसर तुम्हें देखने के लिए ही आते हैं।"

"पर मां, साड़ी पहनकर जरा भी कम्फर्टेबल नहीं लगता। काम तो कर ही नहीं सकती मैं। बस, गुड़िया की तरह बैठे रहना पड़ता है।"

"तो अभी तुम्हारे गुड़िया की तरह सजने-संवरने के ही दिन हैं। काम करने को तो जिंदगी पड़ी है। और अभी तो मैं बैठी हूं।"

"ठीक है। लेकिन मां, ऑफिस में तो साड़ी पहनकर जाना जरूरी नहीं है न? मुझसे तो गाड़ी चलाते न बनेगी।"

गाड़ी का मतलब लूना। ये भी एक शूल था मन में। शादी के सामान के साथ लूना देखकर मेरी भाभी फिच्च से हंस दी थी, "वाह ध्रुव जी! सीधेपन की हद कर दी आपने। आजकल बजाज सुपर से नीचे कोई बात नहीं करता। आप कम से कम..."

"मामी जी," ध्रुव बात काटकर बोला, "यह मेरी नहीं, मीता की गाड़ी है। मेरे पास तो अपनी प्रिया है। मीता ने पापा से कहा था कि जेवर चाहे न दें, पर एक गाड़ी जरूर दें।"

यानी सब कुछ अपने आप ही तय हो गया था। मन इतना खट्टा हो गया था! स्कूटर ही ले लेते तो क्या हो जाता! प्रिया शिव के काम आ जाती। स्कूटर पर तो दोनों जा सकते थे। तब यह पहनने-ओढ़ने का झंझट भी न खड़ा होता।

"दफ्तर सलवार-कमीज पहनकर जाया करना," मैंने फैसला सुना दिया।

लेकिन बहू घर में आती है तो समस्या सिर्फ पहनने-ओढ़ने की ही तो नहीं रहती।

उसका घर भर में उन्मुक्त होकर घूमना, खिलखिलाना, दिन भर ध्रुव डार्लिंग की रट लगाना, शिव से छीना-झपटी करना, भूख लगने पर नाश्ते के डिब्बे टटोलना, बात-बात पर गले में झूल जाना—सब कुछ आंखों में खटकने लगता।

बच्चों के पापा तक को तो उसने नहीं बख्शा था। सुबह वे पेपर पढ़ते तो उनकी कुर्सी के हत्थे पर बैठकर ही पूरा पेपर पढ़ जाती। घर में रहती तब तक उनके आसपास मंडराया करती, पापा का जाप किए जाती। उन्हें इसरार कर-करके खाना खिलाती, दवाई समय पर न लेने के लिए डांटती। शाम को लौटती तो चाय का कप हाथ में लेकर सीधे बगिया में पहुंच जाती और छोटे से पीढ़े पर बैठकर उनसे बतियाती रहती। उस समय तो सचमुच मेरा खून जल जाता। घर में तो जो चल रहा था, ठीक ही था। बाहर उसका प्रदर्शन करने की क्या जरूरत थी? आसपास के घरों में कई जोड़ी आंखें उस समय खिड़कियों पर टंग जाती थीं।

हैरत तो यह थी कि बच्चों को, उनके पापा को यह सब सहज-स्वाभाविक लगता था। उनके माथे पर शिकन तक न आती थी। उस दिन तो हद ही हो गई।

रोज की तरह हम लोग दोपहर की चाय ले रहे थे कि मीता आंधी की तरह घर में घुस आई।

"अरे, आज इतनी जल्दी!"

"पहले आप लोग आंखें बंद कीजिए, प्लीज!"

"बात क्या है?"

"पहले आंखें बंद!"

और हमारे पलक झपकाते ही उसने दोनों के गले में एक-एक फूलमाला डाल दी और तालियां बजाते हुए किलकने लगी, "मेनी हैप्पी रिटर्न्स ऑफ द डे।"

"अरे, बात क्या है..." मैंने कहना चाहा और एकदम मुझे याद आ गया–आज 12 दिसंबर थी, हमारी शादी की सालगिरह। दूसरी-दूसरी बातों में इतनी खो गई थी कि इसकी याद ही न आई थी।

मेरा चेहरा देखते ही वह मेरे गले में झूल गई–"पकड़ी गईं न! आप लोगों ने सोचा होगा, चुप्पी लगा जाएंगे तो सस्ते में छूट जाएंगे। ऐसा नहीं होगा। पापा जी, तीन-चार कड़कते नोट तैयार रखिए। हम लोगों की नीयत आज अच्छी नहीं है।"

"तुम्हें कैसे पता चला बेटे! हमें तो याद ही नहीं रहा था," इन्होंने गद्गद होते हुए पूछा।

"लंच के समय ध्रुव की डायरी उलट-पलट रही थी। तब नजर पड़ी। उसकी तो ऐसी खबर ली है मैंने। इतनी इंपॉर्टेंट चीज भूल गया।"

"ध्रुव है कहां?" मैंने पूछा।

"शिव को लेने कॉलेज गया है। हमने तड़ी मारी है तो उसे पढ़ने थोड़े ही देंगे। आज तो हंगामा होगा।"

थोड़ी देर में वे दोनों भी आ गए। फिर तीनों ने मिलकर हम दोनों की आरती उतारी, पैर छुए और उपहार भी दिए। मेरे लिए प्योर सिल्क की साड़ी और पापा के लिए पुलोवर। उसी समय दोनों चीजों का उद्घाटन करना पड़ा। फिर अमरीका से उपहार में मिले कैमरे से घर पर रंगीन तस्वीरें खींची गईं। फिर सब लोग फेमस स्टूडियो गए। वहां एक ग्रुप फोटो हुआ। उस फोटो के लिए मीता पारंपरिक बहू की वेशभूषा में सजी थी और मेरे पीछे खूब अच्छे से सिर ढककर खड़ी थी। शिव बार-बार उसे छेड़ रहा था।

फर्स्ट शो हम लोगों ने 'अंगूर' देखी। फिर ब्ल्यू डायमंड में खाना खाया। क्वालिटी में आइसक्रीम और बनारसी पान वाले के यहां का पान खाकर घर लौटे तो रात के ग्यारह बज रहे थे। बेतरह थक गई थी मैं, पर यह थकान भी कितनी मीठी थी!

"बाप रे, थक गई मैं तो! इन लोगों ने सचमुच एक हंगामा कर डाला। अब इतनी उछल-कूद के लायक थोड़े ही रह गए हैं हम," रात मैंने हंसते हुए कहा।

पर देखा, ये चुप हैं और आग्नेय दृष्टि से मुझे घूर रहे हैं।

"क्या हुआ?" मैंने घबराकर पूछा।

"वह लड़की बेचारी मां-मां कहकर मरी जाती है, और तुम?"

"क्यों, मैंने क्या किया है?" मैंने खीजकर कहा। मन में छाई खुशी भाप बनकर उड़ने लगी थी।

"मुझसे क्या पूछती हो? अपने आप से पूछो कि तुमने क्या नहीं किया है! वह बेचारी बिना मां की लड़की!"

"बिना मां की है तो मैं क्या करूं!" मैं एकदम फट पड़ी। शाम ममता का एक सोता फूट पड़ा था, अंतस में वह जमने लगा था, "बिना मां की है तो मैं क्या करूं, यह तो बताइए! गोद में लेकर घूमूं या लोरी गाकर सुनाऊं?"

उन्होंने जवाब नहीं दिया और करवट बदलकर लेट गए। इतना गुस्सा आया। यह अच्छा तरीका है, जवाब देते न बने तो बात ही खत्म कर दो!

"अजीब मुसीबत है," मैं बुदबुदाई, "दिन भर घर में धींगामुश्ती चलती रहती है। छोटे-बड़े का भी लिहाज नहीं रखा जाता। फिर भी मैं कुछ नहीं कहती। चुपचाप देखती रहती हूं। फिर भी मुझे चैन नहीं है। पराई लड़की पर तो लोगों को इतनी ममता हो जाती है! साल-छह महीने में अपनी जाई घर आती है, उसका तो कभी ऐसा लाड़-दुलार नहीं किया!"

वे एकदम पलटे, "उसका लाड़-दुलार क्या खाक करूंगा? वह तो तुम्हारे अनुशासन में पली हुई बिटिया है। आज तक कभी खुलकर बात भी की है उसने मुझसे?"

अब चुप रहने की बारी मेरी थी।

जनवरी के प्रथम सप्ताह में ध्रुव को अचानक छह महीने की ट्रेनिंग के लिए जर्मनी जाने का आदेश मिला। घर में एक खुशी की लहर दौड़ गई। कितने सारे लोगों में सिर्फ उसी का चयन हुआ था। गर्व से हम लोगों के कलेजे गज-गज भर के हो गए थे।

जोर-शोर से तैयारियां शुरू हो गईं और मेरा दिल बैठने लगा। लड़का पहली बार इतनी दूर, परदेश में जा रहा था। और फिर नई-नवेली बहू को पीछे छोड़कर जा रहा था।

"मीतू को भी क्यों नहीं ले जाते? घूम आएगी," इन्होंने कहा था।

लेकिन मीता ने इस प्रस्ताव का विरोध किया। वह बोली, "बेकार रुपए

फेंकने से क्या फायदा पापा जी! ध्रुव का खर्च तो कंपनी देगी। मेरा तो हमीं लोगों को उठाना पड़ेगा। कभी अपना भी चांस आएगा। है न शिव?"

वह हमेशा की तरह हंसमुख बने रहने का भरसक प्रयास करती, पर कभी-कभी उसका चेहरा बेहद उदास हो आता। स्वाभाविक भी था। पर मुझे चिंता हो चली थी। आखिर मैंने एक दिन ध्रुव से कहा, "बेटे, तुम्हारे लौट आने तक मीता अपने पापा के यहां रहे तो कैसा है?"

"कहीं भी रह लेगी मां! छह महीने की तो बात है। पलक झपकते बीत जाएंगे। और सब कुछ ठीक-ठाक रहा तो लौटते समय पंद्रह-बीस दिन के लिए उसे बुला लूंगा। घूम-घाम लेंगे।"

उसने तो बात समाप्त कर दी थी, पर मेरी चिंता वैसी की वैसी बनी हुई थी। बच्चों के पापा का इन दिनों कुछ ठीक नहीं था। वह यहां उदास बनी रहेगी तो उसका संबंध सीधे मुझसे जोड़ देंगे। इसीलिए डर लग रहा था।

शिव और मीता उसे छोड़ने बंबई तक गए थे। लौटकर मीता अपने पापा के यहां चली गई। उसकी भाभी के यहां लड़का हुआ था। फिर महीने भर बाद भाभी अपने पीहर चली गई और उसने घर की देखभाल के लिए वहां रह जाना चाहा तो हमने कोई आपत्ति नहीं की।

घर एकदम सुनसान हो गया था।

बच्चों के पापा ध्रुव से ज्यादा मीता को मिस कर रहे थे। हर चौथे-आठवें दिन समधियाने पहुंच जाते। कभी घसीटकर साथ मुझे भी ले जाते। तब समधी जी चुटकी लेते, "अपने बच्चों के लिए कैसे दौड़-दौड़कर आ जाते हैं आप। मुझ गरीब की तो कभी सुध भी न ली।"

शिव भी अकसर देर से घर लौटता। कभी भाभी के साथ शॉपिंग करनी होती थी या कभी उन्हें मूवी दिखानी होती थी।

कभी-कभार वह भी घर आ जाती, पर पहले का सा तूफान बरपा नहीं करती। हंसती-खिलखिलाती, पर उसमें पहले की सी जीवंतता नहीं थी। जब वह चली जाती तो यह कहते, "कहा था, साथ चली जाओ। तब नहीं मानी, पैसे का मुंह देखती रही। अब मन ही मन घुल रही है।"

मार्च का अंतिम सप्ताह रहा होगा।

एक रात इनके पेट में जोर का दर्द उठा। पता नहीं कितनी देर से तड़प रहे थे। मेरी अचानक नींद खुली तो देखा, पेट पकड़े बैठे हैं। चेहरा सफेद पड़ गया है।

"क्या हुआ?" मैंने घबराकर पूछा, "क्या पेट दर्द कर रहा है?"

उन्होंने जवाब नहीं दिया। मैं उठी, पानी गरम किया। रुई में हींग की डली लपेटकर उसे जलाया। फिर प्लेट में अजवाइन, काला नमक, हींग और गरम पानी लेकर इनके पास आई। वे मना करते रहे, पर जब मैं बार-बार आग्रह करने लगी तो चिढ़कर बोले, "जरा बात को समझा करो। वैसा दर्द नहीं है भाई!"

"फिर कैसा है?"

"मैं...मैं दोपहर से बाथरूम नहीं गया हूं।"

"और अब बता रहे हैं!" मैं फटी-फटी आंखों से उन्हें देखती रह गई।

शिव के पेपर्स चल रहे थे। पढ़कर शायद अभी-अभी सोया था, पर उसे जगाना पड़ा। उतनी रात जाकर वह डॉ. शुक्ला को लिवा लाया।

उन्होंने मुआयना किया और पूछा, "ये तकलीफ कब से है आपको?"

"जी, पंद्रह-बीस दिन से थोड़ा कष्ट हो रहा था।"

इतना ताव आया मुझे। इतने दिनों तक चुप बने रहने में क्या तुक थी! शिव बोला, "मां! यह समय गुस्सा करने का नहीं है। बाद में निपट लेना। पहले उन्हें संभालो।"

राम-राम करके वह रात बीती। सुबह भरती होना ही पड़ा। प्रोस्टेट की शिकायत थी। ऑपरेशन जरूरी था। इन्होंने पहले ही अपने आदेश सुना दिए-"प्राइवेट नर्सिंग होम नहीं जाएंगे। सरकारी अस्पताल में भी प्राइवेट वार्ड नहीं लेंगे। जनरल में रहेंगे। इस ऑपरेशन के बाद नर्सिंग की बहुत जरूरत होती है। प्राइवेट वार्ड में कोई झांकता भी नहीं। दस बार बुलाने जाना पड़ता है।"

उनकी बात न मानने का कोई उपाय नहीं था। खजाने की चाबी उन्हीं के पास थी। ध्रुव यहां होता तो बात दूसरी थी, पर अब उतनी दूर से उसे बुलाने का कोई मतलब भी न था।

जनरल वार्ड में जो एक रात गुजारी है—उफ! जिंदगी भर याद रहेगी। इनकी वैसी हालत में नींद आने का कोई प्रश्न ही नहीं था। पर आसपास के वातावरण ने मन को इतना बोझिल कर दिया कि सुबह उठकर लगा, मैं ही बीमार हूं। और दुर्गंध अब भी याद आती है तो मन पर कांटे-से उग आते हैं। सुबह शिव कहीं से चाय लाया था मेरे लिए, पर घूंट भर भी गले से नहीं उतरी।

दस बजे ऑपरेशन होने को था। नौ बजे ही इन्हें स्ट्रेचर पर डालकर ले गए। मैं और शिव भी पीछे-पीछे चल पड़े। जहां तक जाने दिया वहां तक गए।

फिर मैं वहीं बैठकर इष्टदेव का जाप करने लगी। शिव बेचारा दौड़-धूप में व्यस्त हो गया।

"नमस्ते बहिन जी!"

मैंने चौंककर देखा–मीता के पापा थे।

"आपने तो खबर भी नहीं की। इतने बेगाने हो गए हैं हम लोग..."

उनके स्वर में आक्रोश था, शिकायत थी। मैं क्या जवाब देती!

"वो तो मीतू अभी किसी काम से घर गई थी, तब पड़ोस के मेहता साहब ने बताया।"

"सब कुछ इतना अचानक हो गया," मैंने अपराधी स्वर में कहा, "शिव बेचारा एकदम अकेला पड़ गया था। सारी दौड़-भाग उसी के जिम्मे थी।"

"यही तो मैं कह रहा हूं। उसे अकेले सारी दौड़-भाग करने की क्या जरूरत थी! हम लोग किसलिए हैं? कल को ध्रुव सुनेगा तो क्या कहेगा?"

उनसे तो जो भी कहेगा, मुझे तो अपनी चिंता हो गई थी। ध्रुव मुझसे क्या कहेगा? इन पर इतना ताव आ रहा था। दर्द से तड़प रहे थे, पर मजाल है जो बटुए की पकड़ जरा सी ढीली हो जाए। जनरल वार्ड में रहेंगे। वहां नर्सिंग अच्छी होती है–हुंह! अब इतने बड़े आदमी को उस नरक में ले जाऊंगी तो कैसा लगेगा!

अपनी उस दुश्चिंता में यह पूछना भी याद न रहा कि मीता कहां है।

साढ़े ग्यारह बजे उन्हें थियेटर के पास वाले कमरे में लाकर रखा गया। ऐसे हट्टे-कट्टे, हंसते-बोलते व्यक्ति को इस तरह असहाय अवस्था में देखकर मेरी तो रुलाई फट पड़ी। मीता के भाई नरेश मुझे सहारा देकर बाहर ले आए और वापस बेंच पर बिठा दिया। असहाय-सी मैं वहां बैठी रही।

दो घंटे बाद उन्हें वार्ड में ले जाने की अनुमति मिली। ये दो घंटे मेरे लिए दो युग हो गए थे।

वार्ड में वापसी के समय काफिला जरा बड़ा था। घर-परिवार के लोग थे और स्टाफ के भी। ढेर सी शीशियां स्ट्रेचर के साथ चल रही थीं और सब लोग उन्हें उठाए हुए थे।

"मां, तुम सीढ़ियों से आ जाओ। लिफ्ट में तुम्हें परेशानी होगी," शिव ने कहा तो मैं सीढ़ियों की ओर मुड़ गई।

हांफती-कांपती ऊपर पहुंची, तब तक स्ट्रेचर शायद वार्ड में पहुंच चुका था क्योंकि गलियारे में उसका कहीं पता नहीं था। मैं वार्ड तक पहुंची ही थी

कि नरेश जी की आवाज आई, "मां जी, इधर आइए।"

उनके पीछे चलती हुई मैं गलियारे के छोर तक पहुंची। डीलक्स रूम का दरवाजा खुला और खाली स्ट्रेचर थामे लोग बाहर निकले।

"यह कमरा!" मैंने अस्फुट स्वर में कहा।

"भाभी ने बुक करवाया है," मेरा असमंजस ताड़कर शिव पास आकर फुसफुसाया।

"ये उसके बस की ही बात थी जी," उसके पापा गर्व से बता रहे थे, "सुपरिंटेंडेंट से जाकर भिड़ गई। खड़े-खड़े रूम अलॉट करवा लिया। बहुत लड़ाकू है यह लड़की।"

मैंने मीता की ओर देखा। वह चुपचाप इनके पलंग के पास खड़ी थी।

"घर पर तो तिनका भी नहीं उठाती," नरेश बोले, "यहां आई है, तब से सफाई में जुटी है। तीन बार तो घर के चक्कर लगा आई है।"

"ये सास जी को खुश करने के फॉर्मूले हैं," समधी जी ने स्नेहसिक्त स्वर में कहा।

कमरा सचमुच धुला-पुंछा चमक रहा था। दोनों पलंगों पर घर की साफ चादरें और तकिए रखे हुए थे। टेबल पर सफेद टेबल क्लॉथ था। अलमारी में कागज बिछे हुए थे। उसमें मेरे और इनके कुछ कपड़े तहाकर रखे हुए थे। चाय, शक्कर, कप, प्लेटें, माचिस कुछ भी नहीं भूली थी वह। बाथरूम में बाल्टी, मग, तौलिया, चौकी–सब व्यवस्थित ढंग से सजा हुआ था।

थोड़ी देर में स्टोव की घरघराहट शुरू हुई। देखा, मीता चाय बना रही थी।

"मां, चाय पी लीजिए।" थोड़ी देर में वह मेरे सामने खड़ी थी। कमरे में आने के बाद से उसने पहली बार बात की थी और उसका स्वर अत्यंत सपाट था।

"चाय! यहां?" मैंने एक बेमतलब-सा जुमला उठाया।

"तो कहां पीएंगी! क्या पापा को इस हालत में छोड़कर आप घर जाएंगी?"

उसकी बात में तर्क था, पर उससे भी ज्यादा वजनदार उसकी आवाज थी। मैंने चुपचाप प्याला होंठों से लगा लिया। मेरे चाय लेते ही सबने जैसे राहत महसूस की क्योंकि सभी थके हुए थे।

बहुत बेमन से प्याला उठाया था मैंने, पर सच कहूं तो पीने के बाद जी एकदम हलका हो गया। सुबह से सिर भारी हो रहा था। यह भी थोड़ा उतर गया।

पांच बजे के करीब उन्हें कुछ होश आया। मीता उनके पास ही बैठी हुई थी। उसे देखकर उतनी पीड़ा में भी वे थोड़ा सा मुस्करा दिए। तब मुझे अहसास हुआ कि सचमुच उनकी यंत्रणा बहुत भीषण रही होगी। नहीं तो क्या ऑपरेशन से पहले एक बार भी अपनी लाड़ली बहू को याद न करते?

"पापा, आप और भैया अब घर जाइए," मीता का फरमान छूटा, "रात को मेरा और मां का खाना लेकर भैया आएगा। आप अब सुबह आइएगा।"

"मैं फल-फूल खा लूंगी," मैंने हल्का सा प्रतिवाद किया।

"आपके लिए पक्का खाना बन जाएगा," उसने मेरी ओर बिना देखे जवाब दिया।

"वैसे बहन जी, चाहें तो हमारे साथ घर चलकर..."

"पापा, प्लीज!" उसने जैसे सारे विवाद को समाप्त करते हुए कहा और उन दोनों को जबरन घर रवाना किया। फिर शिव के साथ बैठकर उसने सारे पर्चे पढ़े और फिर शिव को दवाइयां लाने भेज दिया और खुद इनके पलंग के पास स्टूल खींचकर बैठ गई।

दूसरे पलंग पर मैं चुपचाप पड़ रही। बोलने की शक्ति ही नहीं रह गई थी। दो रातों का जागरण था, थकान थी, तनाव था। कब झपकी लग गई, पता ही नहीं चला। मीता ने खाने के लिए जगाया, तब जाकर आंख खुली।

समधी जी से रहा नहीं गया होगा। खाना लेकर खुद आ गए। बदले में लाड़ो की फटकार भी सुननी पड़ी। वे शिव का भी खाना लाए थे, पर मीता ने उसे अस्पताल में खाने नहीं दिया।

"तुम पापा के साथ घर जाओगे और सुबह पेपर के बाद ही यहां आओगे। समझे?"

"लेकिन भाभी-यहां..." वह मिमियाया।

"यहां की चिंता मत करो। यहां मैं हूं, मां हैं, भैया हैं।"

शिव बहुत कुनमुनाया, पर आखिर उसे जाना ही पड़ा। उन लोगों को छोड़ने के लिए नरेश जी नीचे तक गए। मीता ने उनसे मेरे लिए पान मंगवाया। पान के बिना आज पूरा दिन हो गया था, पर मुझे याद ही नहीं आई थी। पर पता नहीं कैसे मीता जान गई थी कि खाने के बाद मुझे तलब जरूर आएगी।

खाने के बाद उसने मेरा बिस्तर ठीक किया। फिर बाथरूम में जाकर सारी प्लेटें-गिलास धो डाले। दूध एक बार फिर गरम किया और सोने की तैयारी करने लगी।

"भैया, बारह बजे तक मैं एक झपकी ले लूं। फिर ड्यूटी पर आ जाऊंगी। फिर चाहे आप पूरी रात सोए रहना," उसने कहा और आरामकुर्सी में हाथ का तकिया बनाकर लेट गई।

नरेश जी पलंग के पास एक कुर्सी खींचकर बैठ गए। मेरे आराम में जरा भी खलल न डालते हुए दोनों भाई-बहन नाइट ड्यूटी निभाने को तत्पर थे। मुझे कैसा तो लगा।

"मीता!" मैंने स्नेहसिक्त स्वर में आवाज दी, "भैया आरामकुर्सी में लेट जाएंगे। तू इधर पलंग पर आ जा ना, दिन भर खड़ी की खड़ी है।"

पता नहीं मेरी आवाज में कुछ था या उसने प्रतिवाद नहीं करना चाहा। वह चुपचाप मेरे पास आकर लेट गई। "आप सोने लगें तो मुझे जगा लीजिएगा भैया," उसने कहा और आंखें मूंद लीं। नरेश जी आरामकुर्सी पलंग के पास खिसकाकर उसमें लेट गए। कमरे में एक अजीब सी शांति छा गई।

मैंने मीता की ओर देखा। पता नहीं क्यों उसे देखकर मुझे सविता की याद हो आई। दो बच्चों की मां हो गई है, पर अब भी कभी-कभी उस पर बचपन सवार हो जाता है। मां के पास लेटने का मोह हो आता है। उन क्षणों में वह एकदम नन्ही सवि बन जाती है।

मेरे पास लेटी यह नन्ही सी लड़की! इसका भी तो कभी-कभी मन होता होगा! तब किसके आंचल में मुंह छुपाती होगी! बड़ी बहन है, वह सात समंदर पार इतनी दूर है। भाभी तो खुद ही लड़की है अभी।

वह मेरी ओर पीठ करके लेटी थी निस्पंद। सलवार-सूट उतारकर उसने नाइटी पहन ली थी। उसमें वह एकदम बच्ची सी लग रही थी। दिन भर किसी उग्र तेज से दपदप करता उसका चेहरा अब एकदम निरीह, निष्पाप शिशु का सा लग रहा था।

ममता का एक ज्वर-सा उठा मन में। एकदम उसे अंक में भर लेने की इच्छा हुई। पर संकोच से मैं बस उसकी पीठ पर, बालों पर हाथ फेरती रही। वह मेरे वात्सल्य के उद्रेक से अनजान वैसी ही निस्पंद पड़ी रही।

अचानक मेरी उंगलियां उसकी पलकों को छू गईं। वे गीली थीं।

"क्या हुआ बेटे?" मैंने प्यार से पूछा।

वह कुछ नहीं बोली। बस, जैसे रुलाई रोकने के लिए होंठ सख्ती से भींच लिए।

"अपने पापा जी के लिए परेशान हो? पर डॉक्टर साहब तो कह रहे थे,

वे एकदम ठीक हैं। ऑपरेशन बहुत अच्छा हुआ है। बस, एक--दो दिन में उठकर बैठ जाएंगे। यही कह रहे थे न!" कहते-कहते मैं भी शंकाकुल हो उठी।

वह एकदम पलटी। कुछ क्षण मुझे देखती रही, फिर मेरी छाती में मुंह छुपाकर सुबकते हुए बोली, "पहले यह बताइए, आपने हमें खबर क्यों नहीं की? पापा जी इतने बीमार हो गए और किसी को मेरी याद भी न आई?"

यही तो। अपने आपको कठघरे में खड़ा करके मैं बार-बार पूछ रही थी–मुझे उसकी याद क्यों न आई? अपनी बिटिया को कैसे भूल गई थी मैं?

कवच

विनय कमरे में बैठा हुआ शून्य दृष्टि से छत की कड़ियां गिन रहा था। बड़ी मुद्दत के बाद उसे यह एकांत नसीब हुआ था, नहीं तो सारा घर जैसे कोलाहल में डूब गया था। जाने कहां-कहां के अनदेखे-अनजाने रिश्तेदार जुट आए थे, जो उसे एक पल को भी अकेला नहीं छोड़ते थे। भाभियों, चाचियों और बुआओं के हुजूम से वह तंग आ गया था। चाचा और ताऊ लोगों के नामों में अकसर गड़बड़ हो जाती थी और उसे लज्जित होना पड़ता था।

इन सबसे निजात पाने के लिए वह चुपके से रोज शाम को हवाखोरी के लिए निकल जाता था, पर कल से इस पर भी बंदिश लग गई थी। हल्दी जो चढ़ गई थी। अब तो कमरे की उमस भरी कैद पर उसकी नियति थी।

यों घर में घूमने-फिरने की उसे पूरी आजादी थी, पर उसका ही मन नहीं होता था। इतने सारे अनजान चेहरे, इतनी सारी घूरती आंखें वह बर्दाश्त नहीं कर पाता था। वह अकसर यही सोचता था कि ये सब लोग तब कहां थे, जब जिंदगी के कंटीले पथ पर उसके और मां के पांव लहूलुहान हो रहे थे। अचानक किसी अज्ञात कोने से टिड्डी दल की तरह उतर आए ये लोग उसे जरा भी अपने नहीं लग रहे थे। वह किसी से भी घुल-मिल नहीं पा रहा था और लोगों ने इसे 'शहरी अहंकार' की संज्ञा दे डाली थी। पर वह क्या करे, यहां आकर जैसे वह हंसना-बोलना ही भूल गया था।

प्यास के मारे गले में कांटे-से उग आए थे। सुराही का पानी कब से खत्म हो चुका था। उसने आवाज दी, "सुम्मी! एक गिलास पानी तो दे जाना।"

आवाज देते-देते ही उसने जीभ काट ली। मां सुनेगी तो जरूर नाराज होगी। घर में इतनी लड़कियां हैं। सिर्फ सुम्मी की ही गुहार लगती है तो वे बुरा मान जाती हैं।

उसने कोई और नाम याद करने की चेष्टा की, पर उसकी व्यर्थता पर खुद ही झेंपकर रह गया। इस नक्कारखाने में उसकी तूती सुनेगा कौन? रोज की तरह आंखें आंगन में जुड़ आई थीं और ढोलक शुरू हो गई थी। उधर भट्ठी के पास

ताई जी हलवाई से उलझ रही थीं। बिजली की फिटिंग करने वाले छत पर गला फाड़कर चिल्ला रहे थे। इन सबको लांघता बच्चों का शोर–उफ, लगता था कि कान ही फट जाएंगे।

पानी की तलब इतनी तीव्र थी कि वह खुद ही नीचे उतर आया। पास आने पर वे गीतों के शब्द उसके कानों से स्पष्ट रूप में टकराने लगे। औरतें बड़े मनोयोग से गीत गा रही थीं। 'रतन भतैया' अपने साथ गाड़ियां भर–भर के हीरा–मोती सोना–चांदी और रेशम के थान लाया है। सास और जिठानी के सामने उन सबका प्रदर्शन करते हुए बहन गर्व से फूल उठी है।

विनय ने सोचा, ऐसी ही तो ऊटपटांग कल्पना करती रहती हैं ये लोग। तभी तो इनका मन नहीं भरता। उसे सुबह वाला प्रसंग याद आया। छोटी सी आय में परिवार की गाड़ी मुश्किल से खींचने वाले उसके दोनों मामा सुबह आए थे। अपनी शक्ति से बेचारे बहुत ज्यादा लाए थे। फिर भी सबके मुंह फूल गए थे। भीतर शायद तीखी आलोचना भी हुई होगी, क्योंकि मां की आंखों में रुलाई के लाल डोरे स्पष्ट झलक रहे थे।

कितनी बार रोएगी मां मेरी शादी में ? सच, पहले से पता होता तो कभी इस झमेले में न पड़ता। उसने तो मां की खुशी के लिए अपने आदर्शों की, अपनी इच्छाओं की बलि दे दी है, पर मां को एक बार भी तो प्रफुल्लित नहीं देखा।

"अरे–अरे, ये क्या हो रहा है?" ताई जी की कड़कदार आवाज से वह सहम गया। एक हाथ में गिलास और दूसरे में लोटा लिए पत्थर की मूर्ति–सा खड़ा हो गया।

ताई जी अपनी भारी–भरकम देह समेटते हुए उसके पास आईं। अपने हाथ से उसका गिलास भरती हुई उसी रोबदार आवाज में चिल्लाईं, "ये लड़कियां कहां मर गईं सब ! एक गिलास पानी ऊपर नहीं पहुंचा सकतीं? बेचारा लड़का खुद नीचे उतरकर आया है।"

उनकी इस डांट के फलस्वरूप यहां–वहां से कई सहमे–सहमे चेहरे झांकने लगे थे। ढोलक के गीत भी क्षण भर को थम गए थे। इस अप्रत्याशित रसभंग का निमित्त अपने को जानकर विनय को बहुत संकोच हो आया। वह उलटे पैरों कमरे में लौट गया और पूर्ववत् बिस्तर पर लेटकर छत की कड़ियां गिनने लगा।

पर इस बार यह एकांत अधिक देर तक नहीं चला। लड़कियों की एक पूरी फौज कमरे में घुस आई थी। किसी के हाथ में शरबत था तो कोई ताजा भरी

सुराही उठा लाई थी, कोई बुआ जी के डिब्बे में से दो लगे-लगाए पान चुरा लाई थी तो कोई मिठाई और नमकीन की प्लेट लगा लाई थी।

फिर मनुहारों का दौर शुरू हुआ। विनय तो अचकचा गया। यह सब किसी न किसी रिश्ते से उसकी बहनें लगती थीं, पर सबके नाम तक उसे मालूम नहीं थे। उसने ताई जी की बड़ी लड़की को ही लक्ष्य करके कहा, "क्या बात है? तुम लोग बहुत ज्यादा मक्खनबाजी कर रही हो।"

उसने यों ही एक बात कह दी थी, पर लड़कियों के चेहरे उत्तेजना से तमतमा उठे। क्षण भर कुछ कानाफूसी हुई। फिर स्मिता ने, जो सबकी लीडर बनी हुई थी, कहा, "मक्खनबाजी की कोई बात नहीं है दादा भाई ! नाश्ता तो आपके लिए स्पेशली भेजा गया है। पर आप करना चाहें तो एक काम कर सकते हैं।"

"क्या?"

"हम सब लोग आपकी बारात में चलना चाहती हैं। आप अम्मां-बाबू जी से हमारी सिफारिश कर दीजिए प्लीज!" बात तो सिर्फ स्मिता ने की थी, पर उसका यह 'प्लीज' जैसे सब लड़कियों की आंखों में उतर आया था। वे सब बड़ी आशा से उसे देख रही थीं। सुम्मी भी। उसे बड़ी खुशी हुई कि कम से कम सुम्मी ने अपने को एडजस्ट कर लिया है। वह इतनी सारी सहेलियां पाकर प्रसन्न है, सबके साथ खूब घुल-मिल गई है।

"सुनो!" उसने गंभीरता ओढ़कर कहा।

"कहिए!" दो दर्जन उत्सुक आंखें उस पर टंक गईं।

"तुम लोगों की सिफारिश तो मैं बाद में करूंगा। पहले यह तो पता लगाओ कि बारात में मुझे भी जाना है या नहीं। मेरी भी सिफारिश कर दो न प्लीज!"

"धत्!" लड़कियों ने कहा और सब खिलखिलाकर हंस पड़ीं, सुम्मी भी। बहुत दिनों बाद विनय भी खुलकर हंस सका था। इसलिए काफी हलका अनुभव कर रहा था।

पर जैसे ही वह खिलखिलाता, चहकता जुलूस सीढ़ियां उतर गया, उदासी फिर उस पर हावी हो बैठी। मजाक में ही कही थी उसने यह बात पर एकदम गलत तो नहीं थी। उसकी अपनी शादी हो रही थी, पर अधिकार अब तो सारे ताऊ जी के हाथ में थे, जैसा वे चाहेंगे, वही तो होना था।

सचमुच अगर कुंकुम पत्रिकाओं में वर के स्थान पर उसका नाम न छपा होता तो उसे कभी विश्वास ही न होता कि ये सारे आयोजन उसी के विवाह

के उपलक्ष्य में हो रहे हैं। वह कहीं से भी अपने को इस उत्सव से जोड़ नहीं पा रहा है। लगता है, जैसे वह तो मोहरा मात्र है। चालें तो सब ताऊ जी को ही चलनी हैं।

यौवन में पदार्पण करते ही वह भी शादी के सपने देखने लगा था। पर वह जैसे किसी दूसरे जन्म की बात हो गई है। यहां परंपराओं से घिरा बैठा विनय जैसे वह सब सोच भी नहीं सकता था।

एम. कॉम. फर्स्ट डिवीजन में पास किया था उसने। तीन महीने बाद ही उसे स्टेट बैंक में अच्छी सी नौकरी भी मिल गई। उसी दिन से वह कल्पना का जाल बुनने लगा था। सबसे पहले तो वह मां की नौकरी छुड़वा देगा। बहुत कष्ट उठाए हैं उन्होंने। उसके बाद धूमधाम से सुम्मी की शादी होगी। उसकी अपनी शादी तो बहुत बाद की बात थी। पर पहले घर को घर की सी शक्ल देनी थी। वहां था ही क्या? चार टूटे-फूटे बरतन और पुरानी सी चारपाइयां। ढंग की दो कुर्सियां भी तो नहीं थीं। पहले वह घर को सुव्यवस्थित करेगा, बाद में शादी की सोचेगा। और वह भी ऐसी-वैसी नहीं। एकदम आदर्श शादी।

पर सारी योजना धरी की धरी रह गई।

एक दिन अचानक ही ताऊ जी आ धमके। आते ही फरमान जारी हुआ-"अमुक जगह बात पक्की कर आया हूं। चाहो तो लड़की देख आओ।"

वह तो सन्न रह गया। किसी तरह साहस बटोरकर उसने कहना चाहा- "ताऊ जी, मैं चाहता था, पहले सुम्मी की...।"

"हां-हां, सुम्मी की भी करेंगे। हमें भी फिकर है। पर हाथ में कुछ हो तो पहले।"

"मतलब?"

"मतलब, ये लोग बीस हजार दे रहे हैं।"

"मतलब, आप दहेज ले रहे हैं?"

"बिलकुल ले रहे हैं। दुनिया ले रही है।"

"लेकिन ताऊ जी, मेरे आदर्श कुछ और हैं।"

"देखो बेटे, आदर्शों की बात भाषणों में अच्छी लगती है। शादी-ब्याह करते समय तो दुनियादारी से ही काम लेना पड़ता है। अच्छा, बताओ, लोगे नहीं तो दोगे कहां से?"

"मैं अपने बलबूते पर जोड़ लूंगा।"

"और तब तक क्या लड़की घर में बैठी रहेगी?" ताऊ जी का पारा चढ़

गया था। फिर एकदम पैंतरा बदलकर बोले, "वैसे तुम्हारी मरजी है। तुम अपनी ही राह चलना चाहोगे तो अच्छा ही है। मुझे जिम्मेदारियों से मुक्ति मिल जाएगी। आगे से तुम लोगों की किसी बात में दखल नहीं दूंगा। पर कल को यह लांछन मत देना कि घर वालों ने बात नहीं पूछी।"

और बस, मां एकदम डर गई। लगा कि सचमुच घर के बड़े-बूढ़े हाथ खींच लेंगे तो कल को बच्चों के लिए रिश्ता कौन लाएगा! विनय के सारे तर्क मां के इस भय के आगे परास्त हो गए। मां की खुशी को उसने हमेशा सर्वोपरि माना है। उन्हीं के लिए पिता के पुश्तैनी घर से शादी करने के लिए भी उसे राजी होना पड़ा।

अब कितना पछता रहा है विनय!

''विनय, तुम्हारे कितने दोस्त आ रहे हैं?"

"मेरे!" हैरान था विनय। इस बारे में तो उसने सोचा ही नहीं था।

"मेरा मतलब है, यहां आएंगे, या वहीं, मेरठ पहुंच जाएंगे ?" ताऊ जी ने अपनी बात स्पष्ट की।

"यहीं आ गए तब भी कोई हर्ज नहीं है बड़े भैया," चाचा जी बोले, "ठाकुर साहब की जीप तो चल रही है। विनय और उसके दोस्त उसमें चले चलेंगे। बाकी लोगों के लिए बसें हैं ही।"

"बसें? कितनी बसें चल रही हैं?"

"दो।"

"दो बसों का क्या होगा चाचा जी?"

"अरे, यह कहो दो बसों से क्या होगा, समझे?"

"देखो बेटे," ताऊ जी समझाते हुए बोले, "जिंदगी भर दूसरों की बारात में जाते रहे हैं। सबको बुलाने का मौका तो अब मिला है। बिट्टू की शादी तक पता नहीं हम रहें कि न रहें।"

विनय समझ गया। बिट्टू अपनी पांच बहनों के बाद इस धरती पर अवतीर्ण हुए हैं। इसी का खमियाजा विनय की ससुराल वालों को भुगतना पड़ रहा है। उन नितांत अपरिचित लोगों के लिए उसका मन करुणा से भर उठा।

"दलपत मिसिर के यहां कोई गया कि नहीं?" ताऊ जी ने पूछा।

"मैं गया था," बिट्टू ने बताया, "कह रहे थे कि आएंगे तो चार-पांच चेलों को भी साथ लाएंगे।"

"लाने दो, क्या फर्क पड़ता है।"

"ये दलपत मिसिर कौन है?" उसने भोलेपन से पूछा।

"रौनक है मोहल्ले की। एक बैठक में पूरी पांच किलो मिठाई डकार जाता है। पूरी-कचौड़ी अलग। चेले साथ हों तो फिर कहना ही क्या! मेरठ वाले भी याद करेंगे कि कोई बारात आई थी।"

एक बार फिर उसका मन मेरठ वालों के लिए पसीज उठा।

"एक-ठो गाने वाली पालटी साथ होती तो मजा आ जाता," किसी ने हसरत हाजिर की।

"अरे, अब उसका रिवाज कहां रहा। अब तो बैंड चले हैं। एक से एक शानदार बैंड।"

"अपना जो बैंड तय हुआ है न," चाचा जी ने गर्व के साथ सूचना दी, "पांच सौ रुपए फी घंटा के हिसाब से तय हुआ है। पूरे साठ आदमी होंगे। मास्टर बोला कि जरी की वरदी का चार्ज अलग होगा। मैंने कहा, कोई परवाह नहीं, पर शो जमना चाहिए।"

उपस्थित सभी लोगों ने चाचा जी की सूझ-बूझ की दाद दी और दूसरे मसलों पर चर्चा शुरू हो गई। पर विनय का दिल बैठने लगा था। दो-दो बसें, एक जीप, इतना महंगा बैंड, आतिशबाजी-कहां से आएगा? इतना खर्च कौन करेगा? क्या उन्हीं बीस हजार रुपयों की होली जलाई जा रही है? वह इस दहेज के सख्त खिलाफ था। पर उसने चाहा था कि जब लिए ही हैं तो उन्हें सुम्मी के लिए फिक्स डिपॉजिट में रख दें।

पर लगन के बाद से वे रुपए देखने को भी नहीं मिले थे। उसमें कुछ पूछने का साहस भी नहीं था। वैसे भी मां ने कसम दे दी थी कि उन पैसों की चर्चा भी न चलाना।

मां बेचारी खुद चक्रव्यूह में फंस गई थी। बेटे की शादी को लेकर उन्होंने कई सपने संजोए थे। अपनी कल्पना में बहू को तरह-तरह से सजाया-संवारा था। पर अपने मन से करने का साहस उनमें नहीं था। अपनी संचित सारी पूंजी उन्होंने ताऊ जी के चरणों में डाल दी थी। बहुत बड़ी रकम नहीं थी वह, पर बहू के लिए काफी थी। पर चढ़ाने के लिए जैसे जेवर और कपड़े रखे जा रहे थे, उन्हें देखकर मन खट्टा हो गया था। वे खून के आंसू पीकर रह गई थीं। ये जो व्यर्थ की ताम-झाम हो रही थी, उसका दसवां हिस्सा ही अगर बहू के काम आता...

"विनय, क्या तय किया है तुमने, फ्रिज लोगे या स्कूटर?"

"जी!" बड़ी दीदी के प्रश्न पर विनय चौंक पड़ा था। वह कुछ कहे, इससे पहले ही छोटी दीदी बोली, "फ्रिज तो बाद में भी खरीदा जा सकता है। तुम तो स्कूटर लेना, घूमने-घामने के काम आएगा। लेकिन देखना, वेस्पा या लम्ब्रेटा ही लेना। नहीं तो कोई भी सड़ा-सा मॉडल पकड़ा देंगे।"

"लेकिन दीदी," बड़ी मुश्किल से उसे बोलने का अवसर मिल पाया, "अब कुछ की गुंजाइश ही कहां है? ऑलरेडी हम लोग इतना ले चुके हैं।"

"वाह रे मेरे छुपे रुस्तम," बड़े जीजा ने पीठ पर धौल जमाते हुए कहा, "अभी से इतनी हमदर्दी होने लगी!"

"घबरा मत यार!" छोटे जीजा ने चिकोटी ली, "जाते ही थोड़े मांग बैठेंगे। पहले अता-पता लगाएंगे। उनकी और भी तो ब्याहता लड़कियां हैं।"

"ये तो मांग चुके। मुंह सीकर बैठ जाएंगे," छोटी जीजी ने शंका प्रकट की।

"लीव इट टू मी। सब सम्हाल लूंगा," छोटे जीजा ने सबको आश्वस्त किया, "अपने तो पहले से एजेंट लगे हुए हैं। पहले ही आगाह कर दिया है कि पंडितों की बारात समझकर सूखा मत टरका देना। चकाचक होना चाहिए। क्यों विनय! कभी-कभार थोड़ा शौक तो फरमाते हो न?"

"कैसा शौक?"

"अरे, यह क्या शौक फरमाएगा," बड़ी दीदी बोली, "चाय पीना तक तो इसने कॉलेज जाकर सीखा है। चाची ने दोनों बच्चों को बहुत सख्त ट्रेनिंग दी है।"

"तभी तो इतने लायक निकले हैं।"

अपनी यह प्रशंसा भी विनय को पुलकित नहीं कर सकी। बल्कि उसे तो यह सब सुन-सुनकर घबराहट सी होने लगी है। आखिर इन लोगों का इरादा क्या है? आखिर कितना नीचे उतरेंगे हम लोग? कल रात बिट्टू ने दोस्तों के साथ बैठकर कन्या पक्ष की लड़कियों को तंग करने की ऐसी शर्मनाक योजना बनाई थी कि विनय गुस्से से तिलमिला गया था। पर किसी ने उसके गुस्से का समर्थन नहीं किया था बल्कि मखौल ही उड़ाया था कि अभी से वह उधर का पक्ष लेने लगा है। बड़ी मुश्किल से अपने को जब्त कर पाया था वह।

ढेर सारा आक्रोश मन में लेकर वह इस विवाह के लिए खड़ा हुआ था।

उन अपरिचित लोगों के प्रति एक अनाम रोष, उस अनदेखी लड़की के प्रति एक अव्यक्त खीज उसके हृदय में बैठ गई थी। इसी कारण उसने न उन लोगों से कभी बात ही की, न अपनी भावी वधू को देखने की इच्छा ही प्रकट की। मां से साफ कह दिया कि जब ताऊ जी के वचनों की रक्षा करनी ही है, तब देखने न देखने से क्या फर्क पड़ता है। बिना किसी उमंग के उसने छुट्टी के लिए अरजी दी थी, बिना किसी उत्साह के यहां चला आया था और बड़े ही निर्लिप्त भाव से सारी रस्में करता जा रहा था। लेकिन जैसे-जैसे बारात की तैयारी शुरू हो गई थी, उसे लगने लगा था, जैसे वे लोग दल बांधकर किसी गढ़ को जीतने जा रहे हैं। शत्रु पक्ष को नीचा दिखाने के सारे गुर जैसे सेना को रटाए जा रहे थे।

और इस बीच जाने-अनजाने, चाहे-अनचाहे उसकी सहानुभूति उस दूसरे पक्ष के साथ होती जा रही थी।

बारात चलने को बिलकुल तैयार खड़ी थी।

ढेर सारे रस्मोरिवाजों को निपटाते-निपटाते विनय तंग आ चुका था। इन सारे ढकोसलों से, अपनी कार्टूनी पोशाक से उसे उबकाई-सी आने लगी थी। सोच रहा था, कब 'ओ. के.' का सिगनल मिले और वह बाहर जाकर खुले में सांस ले।

चलने की वेला हुई तो पैर छूने का दौर शुरू हुआ। औरतों की उस भीड़ में चाची, बुआ, ताई, दीदी आदि के पैर पड़ता हुआ वह मां को खोजने लगा, पर उस अपार भीड़ में वे कहीं नहीं थीं।

"मां कहां है?" सुम्मी से टकराते ही उसने धीरे से पूछा।

सुम्मी ने भीतर आंगन की ओर इशारा कर दिया।

उस भीड़ को चीरता हुआ विनय तीर की तरह अंदर चला आया।

आंगन में तुलसी के चौरे के पास चुपचाप खड़ी मां निःशब्द रो रही थीं।

जब-जब गांव किसी की शादी में आना पड़ा है, मां को इसी तरह उदास, उपेक्षित और निराभरण देखा है। शहर में रहती हैं तो नौकरी के बहाने कुछ पहन-ओढ़ भी लेती हैं? पर यहां आते ही एक जबरदस्ती का वैराग्य जैसे उन पर लाद दिया जाता है। हर शादी में आज तक यही होता आया है। पर क्या अपने बेटे की शादी में भी मां ऐसी ही अनादृत रहेंगी?

मां के प्रति ममता से उसका मन भर आया। उनके पैर छूने की बजाय उसने उन्हें अंक में भर लिया। वह जान गया था कि इस समय मां को सांत्वना

की आवश्यकता है, श्रद्धा की नहीं।

"अरे विनय! कहां रह गया तू? पंडित जी उधर जल्दी मचा रहे हैं न!" झमझम करती बुआ अंदर आईं तो मां-बेटे दोनों छिटककर खड़े हो गए। पीछे-पीछे अक्षत रोली का थाल लिए ताई जी भी चली आईं। बोलीं तो कुछ नहीं, पर उनकी कठोर मुखमुद्रा पर शिकायत साफ झलक रही थी।

वह सजी-धजी आकृतियां और वह रोली का थाल–विनय को पता नहीं एकदम क्या सूझा। उसने एकाएक वह थाल मां के आगे करते हुए कहा–"मेरा टीका करो मां!"

मां विस्फारित नेत्रों से उसे देखती रह गईं।

"ऐसे क्यों देख रही हो मां! जब भी परीक्षा के लिए या इंटरव्यू के लिए घर से चला हूं, तुमने आशीर्वाद दिया है। आज तो जीवन की सबसे बड़ी, सबसे कठिन परीक्षा देने जा रहा हूं। आज आशीर्वाद नहीं दोगी?

मां प्रस्तरमूर्ति-सी निश्चल बनी रहीं। उनके आंसू भी जैसे पलकों पर ही जमकर रह गए।

बुआ एकदम अधीर हो उठीं। थाल लेने की चेष्टा करते हुए बोलीं, "समझता तो कुछ है नहीं। बस, जिद किए जाएगा। बाहर चल जल्दी, भैया नाराज हो रहे हैं।"

पर आरती का थाल उनके हाथ में न आ सका। विनय उसे बहुत दृढ़ता से पकड़े हुए था। उससे भी दृढ़, उससे भी सख्त स्वर में उसने कहा, "बुआ जी, मैं बच्चा नहीं हूं। सब समझता हूं। पर आप भी इतना जान लीजिए कि मां से अधिक मंगलमय मेरे लिए कुछ नहीं है। यदि उनके किए मेरा अकल्याण होता है तो फिर मेरा कल्याण संसार की कोई भी शक्ति नहीं कर सकती।"

सिर्फ कहकर ही उसने संतोष नहीं किया। उसने मां की उंगली पकड़कर रोली में डुबोई और माथे से छुआ भी। फिर उनके पैर छूता हुआ सर्र से बाहर निकल गया।

वह जानता था कि उसके जाते ही मां भरभराकर रो पड़ेंगी, पर उसने चिंता नहीं की। वह समझ गया था कि घर भर की आंखें उसे खा जाने वाली नजरों से देख रही हैं, पर उसने परवाह नहीं की। वह उसी तरह सिर उठाए बाहर आया और सजी-सजाई जीप में तनकर बैठ गया। अब न उसे ताऊ जी का डर था, न ताई जी का। एकाएक जैसे उसमें शक्ति का संचार हो

गया था।

उसने सोच लिया था कि अब अगर कोई बाराती वहां ऊटपटांग हरकतें करेगा तो वह सख्ती से डपट देगा। बिट्टू की कोई बदतमीजी वह बरदाश्त नहीं करेगा। ताऊ जी या जीजा लोग लेन-देन पर चख-चख करेंगे तो वह पत्थर की तरह अड़ जाएगा। पता नहीं क्यों उसे विश्वास हो गया था कि वह अकेले इन सबसे लोहा ले सकता है।

मां के मंगलमय आशीर्वाद का कवच जो था उसके पास।

ढाई आखर प्रेम का

टन्न् ! घंटा बजा और शेफाली की धाराप्रवाह वाणी जहां की तहां रुक गई। 'अमर अकबर एन्थोनी' की कहानी अपने क्लाइमेक्स पर पहुंच रही थी और इस मरे घंटे को अभी बजना था। कीर्ति को इतना ताव आया कि किताबें समेटती शेफाली का हाथ पकड़कर उसने कहा, "ऐ, पहले कहानी तो पूरी कर।"

"आगे का हाल परदे पर देखिए," शेफाली ने चप्पलों में पांव देते हुए कहा।

"तू सुनाती है तो परदे पर देखने का ही मजा आ जाता है। सच, ऐसा लग रहा है कि हॉल की बिजली एकाएक गुल हो गई हो। जल्दी से शुरू हो जा नहीं तो मैं सीटी मारना शुरू कर दूंगी," कीर्ति ने धमकी दी।

"अरे कुछ याद भी है, आज 'टीपू सुल्तान' का पीरियड है। पहले ही वह हमसे खार खाए हुए हैं," शेफाली ने कहा, पर कीर्ति नहीं मानी। उसे जबरदस्ती हाथ पकड़कर बिठा ही लिया। हारकर शेफाली को कहानी पूरी करनी ही पड़ी। पर अब उसमें पहले की सी रवानगी नहीं थी। 'टीपू सुल्तान' का चेहरा आंखों के आगे नाच रहा था।

'टीपू सुल्तान' दरअसल इतिहास की प्राध्यापिका मिस शास्त्री का नाम था। एक बार फर्स्ट इयर की छात्राओं को तंग करने के लिए उन्होंने फाइनल की छात्राओं को करारी डांट पिलाई थी। बस, तभी से उन्हें यह पदवी दे दी गई थी। लड़कियां वाकई नाराज हो गई थीं। जब 'फर्स्ट इयर' में थीं, तब उन्हें रैगिंग से बचाने कोई नहीं आया था। अब ये अच्छी मिस शास्त्री आ गई हैं। न्यूकमर्स के सामने उनकी किरकिरी कर दी। उनका सारा रोब चौपट हो गया। इसीलिए उनका नामकरण करके लड़कियों ने अपना गुबार उतारा था।

कीर्ति ने इत्मीनान से उठकर, लॉन की घास-फूस कपड़ों से झाड़ते हुए कहा, "अगर पहले से पता होता कि इस बला से पढ़ना पड़ेगा तो कभी हिस्ट्री नहीं लेती। पर अब तो फंस ही गए हैं।"

शेफाली ने कोई जवाब नहीं दिया। कीर्ति का यूं मजे-मजे से उठना, हौले-हौले चलना उसके मन में घबराहट उत्पन्न कर रहा था। पीरियड लगभग आधा हो चला था।

कमरे के बाहर से ही मिस शास्त्री की धारदार आवाज सुनाई दे रही थी, "यह बात नहीं कि हुमायूं में अच्छे शासक के गुण थे ही नहीं, पर उसका दुर्भाग्य यह था कि वह गलत समय में पैदा हुआ था। हालात उस समय कुछ ऐसे थे कि दिल्ली के तख्त को एक 'आयरन मैन' की, एक लौहपुरुष की जरूरत थी। अपने खूबसूरत नाम के बावजूद हुमायूं..."

"मे आय कम इन मिस !"

"नो।"

यह 'नो' इतना दबंग और अनपेक्षित था कि सारी कक्षा सकते में आ गई।

कीर्ति तो पहली कतार तक पहुंच भी चुकी थी, बुत बनी वहीं खड़ी रह गई।

"डिड यू हियर मी !" मिस शास्त्री की सख्त आवाज दोनों को चौंका गई। कीर्ति ने एक बार आंख उठाकर मिस शास्त्री को देखा, फिर सारी क्लास को और फिर शेफाली का हाथ पकड़कर धीरे-धीरे क्लास से बाहर चली गई। शर्म और अपमान से दोनों भीतर तक लाल हो गई थीं। पर वे स्कूली लड़कियां तो थीं नहीं कि इस बात पर ढुमुल-ढुमुल रोती रहतीं। यह प्रसंग तो उनके उफनते व्यक्तित्व के लिए एक चुनौती भर था।

"बेवकूफ की तरह दरवाजे से ही क्यों चिपकी रह गई?" कीर्ति ने अपना गुस्सा उतारते हुए कहा, "तुम्हारी वजह से रुक गई, नहीं तो मैं सीधे सीट पर ही जाकर दम लेती। फिर देखती वे कैसे उठातीं?"

शेफाली कुछ नहीं बोली। उससे कीर्ति की तरह बोल्ड नहीं हुआ जाता था।

दोनों फिर लॉन में बैठ गईं और कीर्ति ने 'रजनीगंधा' का गीत छेड़ दिया। आगे वाला घंटा भी गीत-संगीत में ही डूब गया।

इकॉनोमिक्स के पीरियड में सब लोग इकट्ठी हुईं तो मिस शास्त्री की ज्यादती की ही चर्चा चल रही थी। लड़कियां उन्हें कोस रही थीं। सिर्फ सुरक्षा ने उनका पक्ष लिया। वह बोली कि कीर्ति और शेफाली अकसर लॉन में या कैंटीन में बैठी रहती हैं। किसी भी पीरियड में समय से नहीं पहुंचतीं। आखिर टीचर्स कहां तक सब्र करें ! वह बेचारी बात पूरी भी नहीं कर पाई थी कि 'शेम-शेम' के नारों ने उसे चुप कर दिया।

मिसेज वर्मा अपनी बिनाका छाप मुस्कराहट बिखेरती कक्षा में न आतीं तो पता नहीं यह हंगामा और कितनी देर चलता। नई मैडम के साथ नया विषय, नई बातें चल पड़ीं। उनकी नीबू रंग की अमेरिकन जार्जेट कइयों को लुभा गई। कुछ लड़कियां उनके जूड़े की वेणियों में उलझ गईं, कुछ हेयर पिन्स की जोड़-बाकी में डूब गईं। पिछली बातें किसी को याद न रहीं–सिवाय कीर्ति और शेफाली के।

गनीमत थी कि मिस शास्त्री का पीरियड हफ्ते में सिर्फ दो या तीन बार पड़ता था। उसे एकदम गोल कर देने से भी उपस्थिति में कोई फर्क नहीं पड़ता। कीर्ति की यही सलाह थी। पर उसकी तुलना में शेफाली कुछ दब्बू स्वभाव की थी। फिर प्रिंसिपल मैडम का उसकी बुआ के यहां आना-जाना था। उसे अकसर डर लगा रहता कि शरारतों की भनक घर तक न पहुंच जाए। परिणाम यह हुआ कि अगली बार जब मिस शास्त्री की क्लास पड़ी तो दोनों समय से ही कक्षा में पहुंच गई थीं।

रोलकॉल लेने के बाद मिस शास्त्री कुर्सी से उठ आईं। टेबल से पीठ लगाकर खड़े होते हुए उन्होंने अपने सहज और सधे हुए स्वर में कहना प्रारंभ किया, ''शेरशाह सूरी के संबंध में लिखते हुए भी इतिहासकार इस बात पर एकमत हैं कि वह एक वीर, प्रतिभा संपन्न और राजनीति-कुशल शासक था। बाद में अकबर ने भी उसकी कई नीतियों को ज्यों का त्यों ग्रहण किया। इससे उसकी योग्यता का अंदाजा लगाया जा सकता है। यह उसका दुर्भाग्य था कि मृत्यु ने इतनी जल्दी उसका वरण कर लिया...''

"मे आय कम इन मिस!"

शेरशाह सूरी के शासन काल से कक्षा एकदम बीसवीं सदी में लौट आई थी। दरवाजे पर सुरक्षा खड़ी थी–हांफती हुई, साड़ी के पल्लू से पसीना पोंछती हुई।

"यस, कम इन!" मीठे स्वर में उत्तर मिला। पुस्तकें संभालती हुई सुरक्षा अपने स्थान पर आ बैठी। इस अन्याय को देखकर शेफाली के मन में एक कसमसाहट सी हुई, पर वह जब्त करके रह गई। लेक्चर आगे चल पड़ा था, "हां, तो हम देख रहे थे कि..."

"मिस!" कीर्ति एकदम तनकर खड़ी हो गई, "दिस इज शीयर पार्शलटीज (यह तो सरासर अन्याय है)।"

"पार्डन!"

"ऑल लेट कमर्स शुड बी ट्रीटेड अलाइक," कीर्ति ने रोब से उफनते हुए कहा।

मिस शास्त्री कुछ क्षण उसे घूरती रहीं। फिर बोलीं, "प्लीज, सिट डाउन।" अब शेफाली को जोश आ रहा था।

"इक्सप्लेन करने के लिए मैं बाध्य नहीं हूं। बैठ जाओ," मिस शास्त्री ने दबंग स्वर में कहा। कीर्ति का मन हुआ, वॉकआउट पर जाए; पर शेफाली का भरोसा नहीं था, इसलिए चुपचाप बैठ गई।

कक्षा में बड़ी देर तक खुसुर-फुसुर होती रही। जब शोर कुछ थमा तो मिस शास्त्री ने कहा, "सुना, क्या तुम लोगों में से कभी कोई लेट नहीं आया? क्या मैं सबको क्लास में अलाऊ नहीं करती? इतना समझने की अक्ल तो मुझमें है कि कौन किस कारण से देर में आता है। यह लड़की है सुरक्षा-इसके घर में मां बीमार है। चार छोटे-छोटे भाई-बहन हैं। घर का सारा कामकाज निपटाकर, सबको खिला-पिलाकर तीन मील दूर से साइकिल पर आती है। धौंकनी की तरह चलती हुई उसकी सांस देखो। तुम लोग खुद अंदाज लगा सकती हो कि समय से पहुंचने के लिए उसने कितना प्रयास किया है। खैर, लेट अस कंटिन्यू।"

उनकी वाणी में फिर धार आई और एक बार फिर शेरशाह सूरी का साम्राज्य कक्षा में छा गया। मिस शास्त्री की आवाज के अतिरिक्त केवल पेन और पेंसिल की सरसराहट ही सुनाई दे रही थी। बाकी सब कुछ शांत था।

कीर्ति और शेफाली के पेन भी चल रहे थे, पर उनके नोट्स में शेरशाह का नाम कहीं भी नहीं था। वे पास-पास बैठी दोनों लिखित वार्तालाप कर रही थीं, जिसका रूप कुछ इस प्रकार का था-

"कीर्ति! तुमने सफेद कौआ देखा है?"

"रोज देखती हूं।"

"काले कौए के मुकाबले में उसकी आवाज कैसी लगती है?"

"काला कौआ तो फिर भी सुर में कांव-कांव करता है।"

"दफ्तर की घड़ी को क्या हो गया! कहीं हार्टफेल तो नहीं हो गया उसका?"

"नहीं, वह टीपू सुल्तान की मय्यत में गई है।"

अपनी धुन में इतनी मगन थीं दोनों कि पता ही नहीं चला कब लेक्चर समाप्त हुआ, कब लड़कियों ने अपनी कॉपियां बंद कर दीं। उन दोनों के पेन

सर्राटे से चल रहे थे। बड़ी देर बाद उन्हें होश आया। देखा, सारी कक्षा की आंखें उन्हीं पर केंद्रित हैं। हड़बड़ाहट के साथ उन्होंने अपनी कॉपियां बंद कीं और आंख उठाकर देखा, सामने अपनी कुर्सी पर बैठी मिस शास्त्री मुसकरा रही थीं।

"सुनो भई, मैं जरा देखना चाहती हूं, तुम लोग नोट्स कैसे लेती हो। आज कॉपियां ले जाऊंगी। कल लेती आऊंगी। कल तो पीरियड है ही। वंदना, जरा इकट्ठा करना भाई।" और वे उसी तरह मुसकराते हुए कक्षा से बाहर निकल गईं। घंटे की भी प्रतीक्षा नहीं की।

दूसरे दिन इतिहास के पीरियड में दोनों बहुत शान से दाखिल हुईं। मिस शास्त्री को उन्होंने खूब छकाया था। शेफाली ने कॉपी में से कागज फाड़ लिए थे और कीर्ति ने तो कॉपी दी ही नहीं थी। अपनी शरारत का लिखित प्रमाण देने में तुक ही क्या थी!

मिस शास्त्री ने आते ही सारी कॉपियां वंदना को संभलवा दीं। रोलकॉल लिया और फिर सहज भाव से पर्स खोलने लगीं। बोलीं, "पता है न भई, कल शाम कैसी आंधी आई थी। मैं उस समय तुम लोगों की कॉपियां देख रही थी। सारे कमरे में कॉपियां बिखर गईं। उन्हें तो किसी तरह समेट लिया, पर ये अल्लम-गल्लम सामान जो निकला, उनके मालिकों को पहचानना मुश्किल हो गया। यह रहा एक स्वेटर का नमूना। जिस किसी का भी हो, मैं इसे उतारकर ही लौटाऊंगी। ये लांड्री की रसीद–विमला शुक्ला की है। ये पोस्टकार्ड–सुरक्षा, तुम्हारा है? याद से पोस्ट कर देना। यह एक गाना लिखा हुआ है–'माई री मैं कासे कहूं पीर अपने जिया की'।"

रीता सक्सेना ने उठकर हाथ बढ़ा दिया। गाने का कागज उसे थमाते हुए वह बोलीं, "बहुत प्यारा गीत है। ठीक से याद करके आना तो एक दिन, सुनेंगे। और यह खत किसका है भई! जन्मदिन की बधाई है शायद।"

एक नीला नोट पेपर उनकी अंगुलियों में झूल रहा था। सारी कक्षा चुप बैठी हुई थी।

"अरे, इसका वारिस कोई नहीं है! देखो, इस पर नाम तो नहीं है, पर यह इस तरह शुरू होता है...।"

एकाएक शेफाली उठ खड़ी हुई, "मिस, यह मेरी चिट्ठी है।"

"तुम्हारी? किसने लिखी है तुम्हें?"

शेफाली कानों तक लाल हो आई, पर कीर्ति ने उसे उबार लिया। वह

हमेशा की तरह तनकर खड़ी हो गई और बोली, "यह खत मैंने लिखा है मिस! कोई एतराज?"

उसका स्वर आक्रामक था, पर मिस शास्त्री उसी स्वाभाविक शांत स्वर में बोलीं, "अगर तुमने लिखा है, तब तो कोई एतराज नहीं है। मैं तो यही सोचकर परेशान हो रही थी कि यह चवन्नी छाप शायर किसके पल्ले पड़ गया है। रियली आय वंडर! कीर्ति, ये कोटेशंस कहां से बटोर लाईं तुम?"

"मिस, शायद आपको किसी ने अब तक यह नहीं सिखाया कि दूसरों के पत्र पढ़ना असभ्यता है। एटीकेट्स के विरुद्ध है।" कीर्ति की इस स्पष्टोक्ति ये सारी क्लास स्तब्ध रह गई। पर मिस शास्त्री जरा भी विचलित नहीं हुईं। बोलीं, "जो कुछ बचपन में नहीं सीख पाई, अब तुम लोगों से सीख लूंगी। चिंता मत करो। पर एक बात याद रखो, तुम लोगों के, अपनी छात्राओं के, पत्र पढ़ने का मुझे पूरा अधिकार है। उतना ही जितना तुम्हारी मम्मी को है। तुम्हारे माता-पिता तुम्हें यहां सिर्फ पढ़ने के लिए नहीं भेजते। वह काम तो घर पर भी हो सकता है। वे लोग इतना खर्च उठाकर तुम्हें और भी कुछ सीखने-समझने के लिए भेजते हैं। तुम्हारी मानसिक गठन के लिए, आचार-व्यवहार के लिए, संस्कारों के लिए हम लोग भी उतने ही उत्तरदायी हैं, इसीलिए औपचारिकताओं के ये नियम हमारे साथ लागू नहीं होते।"

उनके इस स्पष्ट और निर्भीक उत्तर से कक्षा एकदम शांत हो गई थी। कीर्ति भी फूला हुआ मुंह लेकर नीचे बैठ गई थी। मिस शास्त्री ने शांत स्वर में आगे कहा, "देखो कीर्ति, हम जो पढ़ाते हैं, जो लिखाते हैं, जो बोलते हैं, उसमें हमारे संस्कार परिलक्षित होते हैं। इस बात को कभी मत भूलना!"

घंटे की कर्कश आवाज में उनकी बाकी बात डूब गई। उनके चले जाने के बाद भी उनकी गुरु-गंभीर वाणी छात्राओं के कानों में गूंज रही थी। केवल कीर्ति गुस्से से उफन रही थी। 'चवन्नी छाप शायर' का खिताब उसे बहुत अपमानित कर गया था। अपने अपमान की आग शांत करने के लिए उसने मेज पर पड़ी चिट्ठी क्लास में उछाल दी, "लो पढ़ो इसे। बताओ तो जरा इसमें इतना ऑब्जेक्शनेबल क्या है?"

"टीपू सुल्तान को कभी-कभी ताव आ ही जाता है," सरिता बोली।

"मैं बताऊं, यह शेरो-शायरी उनके पल्ले नहीं पड़ी होगी। गड़े मुर्दे उखाड़ने का धंधा है बेचारी का," बीना ने सहानुभूति प्रकट की।

"अरे, वे तो समझी होंगी, किसी बॉय-फ्रेंड का खत है। बेचारी डांटने के लिए कुलबुला रही थीं। कीर्ति ने सारा मजा किरकिरा कर दिया," यह आवाज यास्मीन की थी।

"अच्छा होता जो मैं कह देती कि ब्रदर के दोस्त का पत्र है," शेफाली बोली।

"अब आपकी जबान खुली है। उस समय तो ताले पड़ गए थे। सच कह देतीं तो बड़ा मजा आता," कीर्ति ने हसरत भरे अंदाज में कहा।

"ये लोग जो मिस रह जाती हैं न, प्रेम के नाम से ही चिढ़ने लगती हैं। मेरी एक बुआ हैं, उनका भी यही हाल है," विमला ने जानकारी दी।

"इन बेचारी को कोई मिला ही न होगा," विद्या को करुणा हो आई।

"अरे, मिल भी जाता तो दूसरे ही दिन भागता नजर आता। इस मोर्टार गन के सामने कोई टिक सकता है भला?" कीर्ति बोली।

"नहीं रे, यह बात नहीं है," वंदना के सहानुभूतिपूर्ण स्वर ने सबको चौंका दिया, "पता है, अपने मां-बाप की अकेली लड़की है। भाई भी नहीं है। पैरेंट्स इतने बूढ़े हैं। पिता जी के तो एक हाथ भी नहीं है। इसी से शायद शादी नहीं की है अभी तक।"

"तभी तो अपनी परिस्थिति का गुबार हम पर उतारती है," शेफाली ने तुनककर कहा।

अगले हफ्ते जब शास्त्री का पीरियड आया, तब लड़कियों ने बोर्ड पर यह जुमला देखा–

हाय कमबख्त! तूने पी ही नहीं।

दूसरे दिन–

पोथी पढ़-पढ़ जग मुआ, पंडित भया न कोय,
ढाई अखार प्रेम का, पढ़े सो पंडित होय।

फिर एक दिन–

काकी जी दुबले क्यों? शहर के अंदेशे से।

अगली बार–

इस भरी दुनिया में, कोई भी हमारा न हुआ।

मतलब यह कि शेफाली हर बार कुछ अच्छा सा सोचकर आती और कीर्ति

अपने खूबसूरत अक्षरों में उसे बोर्ड पर उतार देती। साथ वाली लड़कियों को भी इसमें मजा आने लगा। हर बार उत्सुकता बनी रहती कि इस बार क्या लिखा जाएगा। वे स्वयं भी कोई अच्छा सा शे'र सुझाव के तौर पर ले आतीं।

किंतु फिर भी खेल जम नहीं रहा था। जिनके लिए इतनी माथापच्ची की जा रही थी, उन पर इसका कोई प्रभाव नहीं पड़ रहा था। वे उसी सहज भाव से कक्षा में आतीं, रोलकॉल लेतीं और लेक्चर शुरू कर देतीं। अगर कोई मानचित्र बनाना होता तो डस्टर उठाकर निर्लिप्त भाव से बोर्ड साफ कर देतीं और शुरू हो जातीं। उनके चेहरे की रेखाओं में कोई परिवर्तन नहीं आता।

धीरे-धीरे इस शरारती जोड़ी का जोश भी ठंडा पड़ चला। एकपक्षी नोक-झोंक भला कहां तक चलती! फिर जैसे-जैसे परीक्षाएं निकट आती जा रही थीं, वातावरण अपने आप गंभीर हो चला था। पढ़ाई का भूत सबके सिर पर सवार हो गया था। बेकार की बातों के लिए समय नहीं था।

फिर अचानक एक दिन घोषणा हो गई–फरवरी के प्रथम सप्ताह में वार्षिक स्नेह-सम्मेलन होने जा रहा है।

बस, घोषणा क्या हुई–लड़कियों ने अपनी ओढ़ी हुई गंभीरता उतार फेंकी और जोर-शोर से उत्सव की तैयारी में जुट गईं। साल भर में यही तो एक अवसर होता है प्रतिभा-प्रदर्शन का, खेल-कूद, वाद-विवाद, निबंध, कविता, गीत, नृत्य, नाटक–अपनी-अपनी रुचि के कार्यक्रमों का मंच सबके लिए खुला था। इस बहती गंगा में भी जो सूखी रह जाती थीं, वे दर्शक और श्रोता की भूमिका निभाती थीं।

प्रतिवर्ष की भांति इस वर्ष भी स्नेह-सम्मेलन आनंद और उल्लास के वातावरण में संपन्न हुआ। अंतिम दिन डिनर का आयोजन हुआ। सांस्कृतिक कार्यक्रम के बाद सबसे ज्यादा आकर्षण इसी का होता था। अध्यापक और छात्राओं के बीच की औपचारिकता की दीवार उस दिन के लिए टूट जाती थी। सब लोग मिलकर खाते थे। दूसरे दिन सब लोगों के नाम पर फरमाइशी रिकॉर्ड्स बजते थे। उनसे बहुत मनोरंजन होता था।

इस वर्ष 'फरमाइशी प्रोग्राम' का भार कीर्ति और शेफाली ने अपने ऊपर ले लिया था। रिकॉर्ड्स का चुनाव शेफाली ने किया था और उन्हें अपने बेलौस अंदाज में प्रस्तुत किया कीर्ति ने। अपनी सूझ-बूझ का परिणाम देखने के लिए शेफाली स्टाफ के आसपास ही मंडरा रही थी।

पहली गीत प्रिंसिपल मैडम के नाम था–

चल चल चल मेरे साथी, ले चल खटारा खींच के।

गीत के शुरू होते ही हॉल में हंसी का फव्वारा छूट पड़ा।

अपनी दीर्घ काया को हिलाते हुए वे बोलीं, "तुम लोग कुछ भी कहो, अपनी मॉरिस को मैं छोड़ने वाली नहीं। बेचारी बीस साल से मेरा साथ दे रही है। मेरी ही तरह बूढ़ी और बेडौल है बेचारी।"

दूसरा गीत वाइस प्रिंसिपल मिसेज चटर्जी के लिए था–

यशोमती मैया से बोले नंदलाला
राधा क्यों गोरी, मैं क्यों काला।

मिसेज चटर्जी का एकमात्र पुत्र इसी वर्ष अमेरिका से लौटा था। लौटते हुए एक अमेरिकन बहू साथ ले आया था। गीत बजते ही पंडाल तालियों से गूंज उठा। लोगों ने खुलकर दाद दी।

फिर एन. सी. सी. वाली मिस कर्णिक का नंबर था। कैंप में इस बार कॉलेज का ग्रुप पहले नंबर पर रहा था और मिस कर्णिक ने सबको पिक्चर दिखाने का वादा किया था। उनके लिए गीत बजा–

जो वादा किया वो निभाना पड़ेगा।

"याद है, याद है," उन्होंने खड़े होकर सबको आश्वस्त करते हुए कहा।

फिर मिसेज वर्मा की बारी थी–

पापा को मम्मी से मम्मी को पापा से प्यार है।

मिसेज वर्मा नई दुल्हन ही तरह शरमा गईं। उनकी लव मैरिज थी। अब भी सुबह-शाम मिस्टर वर्मा स्कूटर लेकर उन्हें लेने और छोड़ने आते रहे हैं। इस फरमाइशी चुटकी का स्टाफ मेंबर्स ने भी लाभ उठाया और मिसेज वर्मा को परेशान कर डाला। बेचारी शालीनता से मुस्कराती रहीं।

एक बार फिर माइक पर कीर्ति की आवाज गूंजी, "और अब देखिए मिस शास्त्री क्या गा रही हैं, हम सबकी शुभकामनाएं उनके साथ हैं।"

गीत शुरू हुआ–

आएगी जरूर चिट्ठी मेरे नाम की तब देखना।

एकदम सन्नाटा सा खिंच गया। स्टाफ मेंबर्स पसोपेश में पड़ गईं। प्रिंसिपल का चेहरा तमतमा उठा, "यह क्या बदतमीजी है!" कहती हुई वे एकदम उठ

खड़ी हुईं, पर मिस शास्त्री ने उन्हें हाथ पकड़कर बिठा दिया, "इट इज ऑलराइट मैडम, लेट देम एनजॉय।"

इसके बाद और भी गीत बजे। शेफाली ने बहुत दिमाग खपाकर लिस्ट तैयार की थी। चिड़चिड़े माली बाबा को भी नहीं बख्शा गया था। उसके लिए भी 'मेरी भैंस को डंडा क्यों मारा' बजाया गया। पर समां जो एक बार उखड़ा सो उखड़ा ही रहा। सबका मूड उखड़ गया था। एक तिरस्कार भरी उपेक्षा सबके चेहरों पर थी, जिसे शेफाली ने बहुत तीव्रता से अनुभव किया।

और यह तिरस्कार, यह उपेक्षा गेदरिंग के बाद भी उनका पीछा करते रहे। कहीं कुछ भूल हो गई थी। उनसे किसी ने प्रत्यक्ष रूप से कुछ कहा तो नहीं, पर वे इसे समझ गई थीं। एक गहरी आत्मग्लानि में दोनों डूब-सी गईं। उनका चहकता व्यक्तित्व कुछ दिनों के लिए एकदम शांत हो गया।

फिर एक दिन नोटिस बोर्ड पर काले चौखाने में यह समाचार पढ़ा गया–'वी रिग्रेट टू अनाउन्स द सेड डिमाइस ऑफ मिसेज शास्त्री–मदर ऑफ मिस जयंती शास्त्री।' इसके साथ ही शोकसभा की सूचना भी थी। और जैसा कि होता है, शोकसभा के बाद कॉलेज की छुट्टी कर दी गई।

कक्षा की सब लड़कियां मिलकर मिस शास्त्री के घर जाने की योजना बनाने लगीं। कीर्ति और शेफाली को साथ जाना बड़ा अटपटा लग रहा था। पर पीछे छूट जाना और भी बुरा लग रहा था। आखिर उन्होंने सबका साथ देने का ही निर्णय कर लिया।

शाम को सब लोग झुंड बनाकर मिस शास्त्री के घर पहुंच गईं। दरवाजे पर ही मिसेज वर्मा दीख गईं। उन लोगों को आश्चर्य भी नहीं हुआ। सभी जानती थीं कि मिस शास्त्री और मिसेज वर्मा में गहरी छनती है।

मिसेज वर्मा ने बैठने का संकेत किया तो वे वहीं छोटी सी दरी पर सिमटकर बैठ गईं। ऐसे मौकों पर क्या कहना चाहिए, उन्हें कुछ भी पता नहीं था। अपनी सदाबहार मुस्कराहट के अभाव में मिसेज वर्मा भी बड़ी पराई सी लग रही थीं। वे भी चुपचाप मोढ़े पर बैठी बुनाई कर रही थीं। थोड़ी देर बाद उन्होंने ही कहा, "जयंती से मिलने आई हो न! पर वह तो बंबई गई है। दस-बारह दिन बाद लौटेगी।"

"बंबई! इस वक्त!" लड़कियों को आश्चर्य होना स्वाभाविक ही था।

"उसका सारा परिवार वहीं है। भाई, बहन, पिता–मां तो खैर अब नहीं रही।"

लड़कियां असमंजस में पड़ गईं। उनकी समझ में कुछ नहीं आ रहा था। अभी आते समय फाटक के पास बगीचे में एक बुजुर्ग को देखा था। उनका एक ही हाथ था और वे उसी हाथ से खुरपी चला रहे थे। वंदना ने फुसफुसाकर बताया था–"ये पिता जी हैं।"

तभी अंदर से एक बूढ़ी सी कांपती आवाज आई, "कुसुम! कौन आया है?"

मिसेज वर्मा उठकर दरवाजे तक गईं और बोलीं, "कॉलेज की लड़कियां हैं माता जी! जयंती से मिलने आई हैं।"

"अच्छा।"

उधर तो कौतूहल शांत हो गया, पर लड़कियों के कौतूहल की सीमा नहीं थी। उनकी आंखें बार-बार भीतर के दरवाजे की ओर उठ रही थीं और आपस में वे लोग खुसुर-फुसुर कर रही थीं।

आखिर मिसेज वर्मा ने ही उन्हें एक तरह से दफा करते हुए कहा, "अब तुम लोग घर जाओ, अंधेरा हो चला है। ममी लोग चिंता करेंगी–कल अपनी क्लास में बातें करेंगे।"

आश्चर्य में डूबी हुई सब लोग वहां से लौट आईं।

दूसरे दिन मिसेज वर्मा कक्षा में आईं तो सबकी आंखों में झांकती हुई उत्सुकता को उन्होंने सहज ही पढ़ लिया। मेज पर पेपरवेट गोल-गोल घुमाते हुए वे बड़ी देर तक चुप बैठी रहीं। फिर बोलीं, "लगता है, आज तुम बैंकों की कार्यप्रणाली के विषय में जानने के मूड में नहीं हो।"

"आपने बिलकुल ठीक समझा है मैडम!" सबने एक साथ कहा, "हम आज कुछ और जानने के मूड में हैं।"

"मुझे मालूम है, तुम लोग क्या जानना चाहती हो। यह भी मालूम है, तुम लोग मिस शास्त्री के परिवार के विषय में जानना चाहती हो। तो सुनो, उनका पूरा परिवार बंबई में है। यहां जो लोग हैं, वे दलजीत के, जयंती के मंगेतर के माता-पिता हैं।"

"जी!"

विस्मय को अगर शब्दों में बांधा जा सकता है तो वह इस 'जी' में साकार हो उठा था।

"मैडम, हमें सारी बात ठीक से समझाइए।"

"सारी बात समझाने के लिए मुझे जयंती की पूरी कहानी सुनानी पड़ेगी।

और जयंती इसे कभी पसंद नहीं करेगी।"

"मैडम, प्ली...ज!" लड़कियों ने एक स्वर में मनुहार की। उनका अनुरोध टालना मिसेज वर्मा के लिए संभव नहीं हुआ। बहुत धीरे-धीरे उन्होंने कहना शुरू किया। लड़कियां एकाग्र होकर सुनने लगीं।

"तुम्हें शायद मालूम न हो, मैं और जयंती हाईस्कूल से साथ-साथ पढ़ते आए हैं। हम लोगों ने साथ ही हाईस्कूल पास किया, साथ ही कॉलेज में दाखिला लिया और एक साथ ही बी. ए. पास किया। एम. ए. में जाकर हमारे विषय बदल गए, पर दोस्ती उसी तरह बरकरार रही। दलजीत भी फर्स्ट इयर से हमारे साथ था। हमारा अच्छा मित्र था। पर जयंती का परिचय मित्रता की सीमा पार कर चुका था। मुझ पर ही सबसे पहले जयंती ने अपना राज खोला था। मैं उन दोनों के बीच की एक महत्त्वपूर्ण कड़ी थी उन दिनों।

"विद्यार्थी जीवन में तो इस तरह के प्रेम-संबंधों का अपना मजा होता है, अपना थ्रिल होता है; पर एम. ए. के अंतिम वर्ष में आते-आते दोनों परेशान हो उठे। इस प्रेम-कहानी का सुखद अंत अर्थात् विवाह संभव नहीं हो पा रहा था।"

"क्यों मैडम?"

"कारण कोई नया नहीं था, वही युग-युगांतर वाला जाति-भेद। जयंती का परिवार छप्पन नंबरी ब्राह्मण था तो दलजीत चौहान राजपूत। दोनों पक्ष अपने-अपने कुलगौरव का हौआ बनाए हुए थे। अपनी जिद से तिल भर भी हटने को तैयार नहीं थे। एम. ए. के बाद और भी दो वर्ष गुरुजनों की स्वीकृति की प्रतीक्षा में बीत गए। तब दलजीत ने कोर्ट मैरेज करने का प्रस्ताव किया, परंतु जयंती ने उसका प्रस्ताव साफ ठुकरा दिया।"

"क्यों मैडम?"

"जयंती का कहना था कि लड़की को तो मां-बाप का घर छोड़ना ही होता है, विवाह चाहे उनकी सम्मति से हो या न हो; पर इस विवाह से दलजीत का घर छूट जाए, यह उसे मंजूर नहीं था। दलजीत माता-पिता की अकेली संतान था। पिता इंडियन आर्मी में सूबेदार थे और एक बांह जर्मनी की भेंट चढ़ा आए थे। एक छोटी सी पेंशन और दलजीत के अलावा उनके पास कुछ नहीं था। जयंती से विवाह करके दलजीत उन दोनों प्राणियों को असहाय छोड़ दे, यह जयंती को स्वीकार नहीं था।

"इसके बाद कुछ तो निराशा से उबरने के लिए और कुछ अपने

राजपूती रक्त के कारण दलजीत सेना में चला गया। जयंती ने भी नौकरी कर ली।

"साल भर बाद पहली छुट्टी में दलजीत घर आया। आते ही उसने अपना प्रस्ताव दोहराया, पर जयंती अपने निश्चय पर अडिग थी। वह उलटे उससे किसी सजातीय कन्या से विवाह करने का आग्रह करने लगी। उन्हीं दिनों बंगलादेश का मुक्ति-संग्राम छिड़ गया। छुट्टी के आठ दिन भी नहीं बीते थे और दलजीत का बुलावा आ गया।

"इस बार आलम यह था कि जयंती शादी की जिद पकड़े थी और दलजीत मना कर रहा था। वह जयंती को किसी प्रकार के बंधन में डालना नहीं चाहता था।--'जंग से लौटकर सोचेंगे।' हर बात के लिए उसका यही उत्तर था।

"लेकिन जंग से दलजीत नहीं लौट सका, लौटा उसका सामान और उसके शहीद होने का समाचार। उस समाचार से जयंती के मन पर जो बीती, उसे शब्दों में बांधना कठिन है। हम लोगों को तो यह डर हो गया था कि कहीं वह पागल न हो जाए। महीने भर में उसकी शक्ल ऐसी हो गई, जैसे बरसों से बीमार हो।

"अपने दुःख का पहला ज्वर उतरते ही उसे उन दो अभागे प्राणियों का ध्यान आया, जो इस संसार में एकदम अकेले, असहाय छूट गए थे। उसने अपने आप को दलजीत के घर को ही समर्पित कर दिया। अपने पिता से उसने कहा, 'आपके तो और भी बच्चे हैं, पर इन बेचारों को अब देखने वाला कौन है! मुझे बहू के रूप में नहीं स्वीकार कर सके थे वे, पर बेटी के रूप में तो अपना ही लेंगे, मुझे विश्वास है।'

"तब से उसका यही घर है, यही माता-पिता हैं। विवाह की बात उठती है तो कह देती है, 'इन दोनों प्राणियों समेत जो मुझे स्वीकार करेगा, मैं उसी का वरण करूंगी।' अब ऐसा त्यागी महात्मा इस देश में तो मिलने से रहा।"

मिसेज वर्मा ने अपनी कहानी समाप्त की। कक्षा में एकदम स्तब्धता थी, जैसे कोई उदात्त और दुखांत फिल्म अभी-अभी समाप्त हुई हो।

थोड़ी देर बाद वंदना ने स्तब्धता भंग की, "मैडम, मिस शास्त्री तो अभी दस-बारह दिन बाहर रहेंगी। फिर यहां कौन देखेगा?"

"यहां का भार मैंने ले लिया है। तभी तो उसका पांव यहां से निकल सका।"

"आपको तो बहुत परेशानी होती होगी फिर!"

"हां, थोड़ी-बहुत तो होती है। पर इतना भी न किया तो दोस्ती किस काम की। दरअसल उसने जो त्याग किया है, कर रही है—उसकी तुलना में हमारी परेशानी है ही कितनी। बस, पप्पू के लिए थोड़ी चिंता होती है। उसे कभी छोड़ा नहीं है न।" और यह कहते-कहते मिसेज वर्मा का स्वर थोड़ा कांप-सा गया।

"मैडम!" सबने देखा, कीर्ति हमेशा की तरह तनकर खड़ी हो गई है, "मैडम, घर पर तो मेरे दादा जी हैं, उनका सारा काम मैं करती हूं। बूढ़े लोगों की सेवा-टहल का मुझे अच्छा अनुभव है। आप आज्ञा दें तो मैं आपका हाथ बंटाने आ जाया करूं?"

"तुम!" विस्मय से मिसेज वर्मा की आंखें फैल गईं।

"क्या हर्ज है मैडम! तब आप पप्पू को भी साथ रख सकेंगी और काम भी आसानी से होता रहेगा। प्लीज मैडम—लेट मी डू दिस मंच।" उसके स्वर की आर्द्रता से सब चकित थे।

और शेफाली अपने आप पर भुनभुना रही थी कि ऐन वक्त पर उसे सांप क्यों सूंघ जाता है। जब भी कोई कहने लायक बात होती है, कीर्ति बाजी मार ले जाती है।

कल्चर

"मम्मी! प्लीज कम हियर!" बाथरूम से प्रिया चीख रही थी। मेरे हाथ आटे में सने हुए थे, गैस पर करेले सिंक रहे थे और घड़ी साढ़े नौ बजा रही थी। इतनी कोफ्त हो आई मुझे—एक तो रामप्रसाद के एकाएक गोल हो जाने से सारा कार्यक्रम वैसे ही गड़बड़ हो गया था, तिस पर यह लड़की! हाथ बटाना तो दूर रहा, अपना काम भी ढंग से नहीं कर सकती।

"मम्मी..." दुबारा आवाज आई थी तो खीजकर मैंने काशी से कहा, "दो मिनट झाड़ू रोककर देख ले न, बेबी क्या कह रही है।"

फिर दो-चार मिनट तक दरवाजा खटखटाने की, प्रिया के चीखने की, बाल्टियों की आवाजें आती रहीं। उसे शायद ठंडे पानी की जरूरत पड़ गई थी। बाथरूम में काशी का आना उसे सख्त नागवार गुजरा होगा, पर मैंने ध्यान ही नहीं दिया। अभी दस बजते-बजते सब लोग खाने के लिए शोर मचाना शुरू कर देंगे—मेरे पास तो एक क्षण भी बरबाद करने को नहीं था।

"आज ये काशी कैसे आ गई काम पर!" बाल पोंछते हुए प्रिया सीधे किचन में चली आई थी।

"वह तो चार-पांच दिन से आ रही है। तुम्हारा ध्यान रहता भी है कहीं?" मैंने उलाहना दिया।

"बाई को क्या हो गया?"

"बुखार में पड़ी है। काशी को देखो, तुमसे तीन-चार साल छोटी है, पर घर का भी सब कुछ देखती है और मां के काम भी संभालती है। तुम्हारी तरह नहीं कि..."

"हुं!" प्रिया ने उपेक्षा के भाव से मुंह बिचकाकर कहा और अपने कमरे में चली गई। मैं उसकी छरहरी आकृति को देखती रही। मैक्सी में पीछे से बिलकुल स्कूली दिखाई दे रही थी। उसे देखकर कोई भी विश्वास नहीं कर पाता कि वह बी. ए. फाइनल में है।

खाने की मेज पर सब इकट्ठे हुए। उस समय काशी आंगन में बरतन मल

रही थी। आज वह बहुत देर करके आई थी और ठीक इनके खाने के समय ही बरतन लेकर बैठ गई थी। जैसी कि मुझे आशंका लगी थी कि दो मिनट बाद ही ये झल्ला उठे–"ये किरिड़-किरिड़ बंद करो भाई, दिमाग खराब हो गया मेरा।" मैंने प्रिया को इशारा किया, वह बाहर जाकर काशी को समझा आई। बरतनों की खड़खड़ाहट कुछ ही देर बाद रुक गई और बाल्टियों में साबुन के उफनते झाग की ध्वनि सुनाई देने लगी। वह शायद अब कपड़ों में साबुन दे रही थी।

"यह काशी कितना चुपचाप रहने लगी है अब, नहीं तो पहले, बाप रे, दिन भर पटर-पटर करती रहती थी। सुन-सुनकर सिर में दर्द होने लगता," प्रिया बोली।

"और वह कौन सा गाना था मम्मी? 'बिंदिया चमकेगी' या 'इन्हीं लोगों ने'। बस रेडियो पर आया नहीं कि देवी जी काम-वाम छोड़कर भागती थीं। एक बार तो राख-सने हाथों से ही रेडियो तेज कर दिया था। इतना डांटा था मैंने तब," विवेक बोला।

"और विक्की, तुम्हारा वह लंबे बालों वाला दोस्त आया था, तब याद है, सीधे दरवाजे में खड़े होकर घूर रही थी उसे। मम्मी ने कैसा डांटा था तब," दोनों बच्चे उस बात को याद करके खिलखिलाकर हंस पड़े थे।

काशी वाकई बहुत चंचल थी–चाहे मेरी ड्रेसिंग टेबल हो या इनका टाइपराइटर, प्रिया का कार्डिगन हो या विवेक की किताबें, उसे हर चीज छूने से मतलब था। इतना डांटती थी मैं और बाद में खुद ही तरस आ जाता था उस पर। प्रिया और विवेक तो अकसर चिढ़ते रहते, मम्मी की लाड़ली है न वो! उसे तभी तो किसी का डर नहीं है।

कुर्सी खिसकने की आवाज आई, तब होश आया कि ये खाना खा चुके हैं। करीब-करीब सभी लोग साथ ही उठ गए। इन्हें सुपारी, पेन, रूमाल, घड़ी आदि पकड़ाकर दफ्तर के लिए विदा किया ही था कि प्रिया भिनभिनाती हुई आई कि "हमारी पीली वाली बेलबॉटम प्रेस होकर क्यों नहीं आई?"

"तुम्हारे पास और कपड़े नहीं हैं?" मैंने जरा सख्ती से कहा तो चुपचाप अपने कमरे में चली गई, पर उसका भुनभुनाना बड़ी देर तक जारी था। रानी है न कहीं की–बस, जिसका मूड हो वही कपड़ा सामने चाहिए। पता नहीं ससुराल में कैसे क्या निभाएगी जाकर!

विवेक सीधा खेल-खालकर शाम सात बजे तक ही घर लौट पाता था,

इसलिए उसे टिफिन देना जरूरी हो जाता था; लेकिन उसका लंच-बॉक्स कहीं नहीं मिल रहा था।

"डिब्बा कहां है रे?"

"कमरे में ही होगा, मेज पर या खिड़की में। मम्मी, देख दो न प्लीज!"

"कमाल करते हो तुम लोग! आते ही डिब्बा धुलने को क्यों नहीं दे देते रोज? अब कब साफ होगा, कब भरा जाएगा?"

लेकिन मुझे चिंता करने की जरूरत नहीं पड़ी। कपड़े धोने का काम कुछ देर के लिए स्थापित करके काशी उठी, विवेक के कमरे से लंच-बॉक्स लाकर उसने धोया, कपड़े से पोंछा और मुझे थमा दिया।

"काशी दी ग्रेट यहां पर मौजूद है, फिर हे मातेश्वरी, आपको चिंता करने की क्या आवश्यकता है!" विवेक ने कुछ इस अंदाज में कहा कि मुझे तो हंसी आई ही, प्रिया का फूला हुआ मुंह भी हंसी जब्त न कर सका।

"सच मम्मी, काशी ससुराल चली जाएगी तो तुम्हारी बड़ी मुसीबत आने वाली है। बाई एक तो बार-बार बीमार पड़ जाती है और काम भी ऐसा हाबड़-तोबड़ करती है कि कपड़ों में साबुन महकता रहता है। पानी का गिलास उठाओ तो उसमें ढेर सारा लगा रहता है।"

मुझे लगा, ससुराल के नाम से काशी का तांबई चेहरा लाज से और गहरा हो जाएगा, पर वह निर्विकार भाव से कपड़ों को नील के पानी में डुबोती रही।

बच्चों को ठेल-ठालकर जब कॉलेज के लिए रवाना कर चुकी तो अंदर आकर देखा, काशी धुले-अनधुले बरतनों का ढेर लेकर आंगन में चुपचाप बैठी हुई है।

"क्या सोच रही है काशी? घर की याद आ रही है क्या?"

वह एकदम चौंक पड़ी और बिना मेरी ओर देखे सामने पड़े बरतनों को रगड़ने लगी। तवे को तो उसने इस कदर रगड़ा कि लगा, कलेजे पर खरोंच-सी पड़ रही है।

"जरा धीरे बाबा, इसी तवे पर शाम को भी रोटी बनेगी। तू तो पता नहीं किस जनम का गुस्सा उतार रही है बेचारे पर," फिर अपनी बात को थोड़ा आत्मीयत्व देने के लिए मैंने कहा, "पता है, बेबी क्या कह रही थी? काशी ससुराल चली जाएगी तब मम्मी की मुसीबत आने वाली है।"

मैंने बात तो उसे खुश करने के लिए कही थी, पर वह तो जैसे भभक उठी।

"कहीं नहीं जा रही हूं मां जी, आप फिकर मत करो।"

उसने कड़वाहट भरे स्वर में कहा और गंदे पानी की बाल्टी को कुछ ज्यादा ही ताकत लगाकर नाली में उलट दिया।

छींटों से अपने को बचाती हुई मैं कमरे में आ गई। बाप रे, कहां से सीख लिए हैं इसने ये तेवर, ये ठसक! अभी कल तक सिलबिल-सी कॉलोनी में यहां-वहां घूमती फिरती थी। शादी क्या हो गई, अपने को तीसमारखां समझने लगी है। काम पर आएगी भी तो ऐसी घुन्नी बनी रहेगी कि काम कहते डर लगता है।

"मैं जा रही हूं मां जी, दरवाजा लगा लेना," कुछ देर बाद उसने मेरे कमरे के दरवाजे पर खड़े होकर कहा।

अनिच्छा से मैं उठी, उसके पीछे दरवाजा बंद किया और बिस्तर तक पहुंची ही थी कि फिर बेल बजी। मन ही मन कुढ़ते हुए दरवाजा खोला-वही महारानी जी थीं।

"अब क्या रह गया?" मैंने रूखी आवाज में पूछा। उसने जवाब नहीं दिया और मुझे ठेलकर सीधी अंदर आ गई। बरामदे की जाली से एकटक सड़क की ओर देखने लगी। उसकी नजरों का अनुसरण कर मैंने देखा, सामने वाली पुलिया पर एक आदमी बैठा था। नारंगी रंग की कमीज, नीली धारीदार पैंट, गले में रूमाल...काशी सहमकर लौट आई थी। उसमें आश्चर्य करने जैसा कुछ नहीं था।

"चल, अंदर आकर बैठ जा थोड़ी देर। बाद में चली जाना," मैंने अधिकार वाणी से कहा और उसे लेकर घर में आ गई। बिस्तर पर जाकर लेटी ही थी कि याद आया, पता नहीं लड़की कितने सवेरे से घर से निकली है-सात-आठ घर का काम निपटाते-निपटाते यह वक्त हो गया है। पता नहीं पेट में कुछ पड़ा भी है कि नहीं। उठकर किचन में आई, प्लेट में उसके लिए थोड़ा खाना निकाला और देने गई तो देखा-वह स्टोर की खिड़की से एकटक बाहर देख रही है।

मैंने झांककर देखा, वह आदमी वहीं बैठा मेरे घर की ओर देख रहा था। और काशी जिस एकाग्रता से उसे देख रही थी, उसे भय का नाम नहीं दिया जा सकता।

"कौन है रे यह? तू पहचानती है?" मेरा कुतूहल जागृत हुआ।

"मेरा आदमी है।"

'खंजन मंजु तिरीछे नैननि' जैसी पंक्तियों पर गद्गद हो जाने वाली मैं उसकी बेबाकी पर स्तब्ध रह गई।

"तुझसे मिलने आया है?" कुछ देर बाद मैंने पूछा।

उसने सिर हिला दिया।

"तो घर पर क्यों नहीं बुलाती उसे? यहां किसलिए..." लेकिन कहते-कहते मेरा गुस्सा अपने आप उतर गया। भला घर पर इतने लोगों के सामने यह कैसे संभव था! ममत्व से भरकर मैंने ही आगे कहा, "वह बेचारा वहां धूप में बैठा है और तू यहां से ताक-झांक कर रही है। जा तो, उसे मेरे पास लेकर आ। डांटूंगी मैं उसे। शादी को दो साल हो चले, अब तक विदा कराने की सुध नहीं आई।"

"वह तो लेने आ जाता है, पर मेरा बाप भेजता कहां है।"

बाप को बाप कहने की दिलेरी वाकई दाद देने लायक थी।

"वह तो कल भी आया था।"

"अच्छा!"

"मेरे बाप ने खूब दंगा किया और भगा दिया।"

"आखिर तुम्हारे पिता का कहना क्या है?" (लाख चाहने पर भी मैं बाप न कह सकी।)

"वह कहता है, शराब छोड़ दो।"

"ठीक तो है। शराब बहुत बुरी चीज है।"

"बुरी तो है, पर कौन नहीं पीता? मेरा बाप पीता है, काका पीता है, भाई पीता है। मर्द है, कमाएगा तो पिएगा नहीं?"

मैं तो सचमुच हैरान थी। सोलह-सत्रह साल की उम्र में कैसी बुजुर्ग बन गई है। और एक हमारी शहजादी है-घंटों ड्रेसिंग टेबल के सामने बैठना जरूर सीख लिया है, पर मम्मी की गैरहाजिरी में घर पर कोई मिलने वाला आ जाए तो इसकी सिट्टी-पिट्टी गुम हो जाती है।

बड़ी-बूढ़ियां ठीक ही कहती हैं--कलश का पानी और हवन का कुंड लगते ही लड़की जवान हो जाती है। औरत बन जाती है और तब पिता का घर उसे सालने लगता है। कभी तीज-त्योहार पर आ जाना और बात है और यहीं रह जाना और। काशी फिर उसके बाद कितनी देर तक बतियाती रही थी। उसका तर्क कितना ठीक था कि जब दुःख उठाना है तो अपना ही घर क्या बुरा है! चख-चख तो मां के घर में भी कम नहीं होती। उसने बड़े गर्व से बतलाया था कि आदमी

उसका चपरासी है। उसे काशी का घर-घर जाकर बरतन मलना पसंद नहीं है। इस बात पर कई बार आकर वह लड़ाई कर चुका है। थोड़े दिनों तक काशी का बाहर जाना बंद हो जाता है, पर आखिर कब तक?

मेरे मन पर दिन भर पति को एकटक निहारती उसकी आंखें, उसका तमतमाया चेहरा, बाप के नाम पर घृणा-सी उगलती उसकी आवाज छाई रही। मेरे स्वभाव में यही एक दुर्बलता है। जो बात मन को छू जाए वह दिन भर नहीं भूलती। अखबार में पढ़ी हुई हत्याओं की खबरें, सड़क पर कुचला कुत्ता, भीड़ से पिटता व्यक्ति, सास की ज्यादतियों से संत्रस्त सामने वाली पंडिताइन सब जैसे मेरे मन में घर करके बैठ जाते हैं। और मैं दिन भर उन्हीं की बातें करती हूं, चाहे किसी को दिलचस्पी हो या न हो।

रात खाने के बाद हम लोग ड्राइंगरूम में बैठे थे, जब मैंने यही प्रसंग छेड़ दिया। विवेक कार्टर ब्राउन की कोई पुस्तक पढ़ रहा था, ये टाइम्स देख रहे थे-दोनों ने सिर उठाकर मेरी बात को ध्यान से सुना और फिर पढ़ने में डूब गए। जाहिर था, उन्हें कोई इंटरेस्ट नहीं था इस काशी पुराण में।

प्रिया लेकिन रेडियो सुनते-सुनते एकदम बिफर पड़ी, "ये काशी तो एकदम पगलोट है।"

"कैसे?"

"अरे, इतना बखेड़ा करने की जरूरत ही क्या है! जब शहर में ही उसका हसबैंड रहता है तो ठाठ से चला जाना चाहिए उसके पास। वह तो मैरिड है-उसे तो कोई डर होना ही नहीं चाहिए।"

"तू समझती नहीं है पगली! इन लोगों का कल्चर बहुत फर्क है। बड़े कहर होते हैं। इतनी सी बात पर लड़की का जिंदगी भर मुंह नहीं देखेंगे।"

"न देखें तो नहीं की बात। जब वे लोग इसकी भावनाओं की कद्र नहीं करेंगे तो इसे क्या गरज पड़ी है! दोनों में से एक तो उसे चुनना ही होगा-पति या मां-बाप। और अगर वह अपने हसबैंड से सिंसीयरली लव करती है तो हेल विथ द पैरेंट्स।"

"हियर-हियर..." विवेक ने एकदम तालियां बजाते हुए कहा, "बाय द वे बेबी, किस फिल्म का डायलॉग है ये?"

प्रिया क्षण भर तो चौंककर चुप हो गई। फिर इतनी जोर से झपटी उस पर...उन लोगों के डैडी ने चश्मा उतारकर एक नजर उन्हें घूरकर नहीं देखा होता तो दोनों पता नहीं कितनी देर तक गुत्थमगुत्था होते रहते।

मैं जड़ बनी सारा हंगामा देख रही थी। टू हेल विथ द पैरेंट्स–प्रिया की बात घंटी की तरह कानों में बज रही थी। कल को सचमुच ही, इसका मन कहीं चला गया तो?...यह तो शायद एक बार पूछेगी भी नहीं। सीधे रजिस्ट्रार ऑफिस से लौटकर ही बताएगी।

दो-तीन दिन तक अकारण उदासी से घिरी रही मैं। अपनी चिंता किसी के साथ बांट लूं, यह भी तो संभव नहीं था। विवेक अभी बहुत छोटा था और उसके डैडी? उनके पास तो ऐसी छोटी-छोटी बातों के लिए वक्त ही कहां था। बस, दफ्तर और फाइलें। घर से बाहर तो शायद उन्हें याद भी न रहता होगा कि अपने दो बच्चे भी हैं।

लेकिन मेरा यह सोचना कितना गलत था, इसका पता मुझे जल्दी ही लग गया।

उस दिन काम पर पार्वती आई थी। झींकती-कराहती हुई अपना काम कर रही थी तो मैंने ही कहा, "तबीयत ठीक नहीं थी तो काशी को ही भेज दिया होता।"

"अरे बाईसाब, कल उसकी ननद आकर खूब झगड़ा कर गई। हमने कहा, बैठो घर, राज करो। अपने भाग में तो ठीकरे घिसना है तो जाना ही पड़ेगा," उसने बेहद थकी आवाज में कहा।

"सच तो यह है पार्वती, अब तुम लोग उसे विदा कर दो। पराई अमानत है, आखिर कितने दिन घर में रक्खोगी!"

"भेजना तो है ही बाईसाब," वह एक उसांस लेकर चुप रही। फिर कुछ देर बाद उसी थकी सी आवाज में बोली, "नेक सुभीता हो जाए, ऐसी नंगी-बुच्ची कैसे भेज दें!"

"मतलब?"

"चीज-वस्तु तो उसकी सब बनिये के यहां पड़ी हैं। इस महंगाई ने ऐसी आग लगाई है कि..."

"क्या कह रही हो?" इस तरह ब्याहता लड़की के गहने कोई गिरवी रखता होगा–छी:!'' मेरा मन घृणा से भर उठा।

"कुछ न पूछो बाईसाब, ऐसा कसाई है उसका बाप। दारू पी-पीकर सत्यानास कर दिया उसने। मैं चार घर का काम न करूं तो बच्चों के पेट में दाना न पड़े। अब यह..." बोलते-बोलते वह अचानक चुप हो गई। अपनी दक्षिणी साड़ी का पल्लू माथे तक खींचकर उसने मुंह एक ओर फेर लिया। मैंने

मुड़कर देखा–हाथ में ब्रीफकेस लिये ये बेडरूम के दरवाजे पर खड़े थे।

"अरे आप? कैसे आ गए?"

"दरवाजा खुला था।" इन्होंने रूखी आवाज में कहा।

"मेरा मतलब है, इस समय..." पर मेरी बात समाप्त होने से पहले ही वे कमरे में लौट गए।

किचन में जाकर मैंने झटपट चाय बनाई और कमरे में आकर देखा, कोट कुर्सी की पीठ पर टंगा हुआ है और ये आरामकुर्सी पर लेटे हुए हैं।

"तबीयत तो ठीक है न?" मैंने चाय उंडेलते हुए कहा।

"ठीक है।"

"नहीं, मेरा मतलब था, इस वक्त..."

"कोई गुनाह तो नहीं किया न?"

अब इसके आगे कोई क्या बोले! चुपचाप बैठी चाय के घूंट भरती रही।

"बाईसाब, मैं जाती," पार्वती ने परदे के बाहर से कहा। मैं उसके पीछे दरवाजा बंद करने के लिए उठी।

लौटकर कुछ कहने की गरज से मैंने कहा, "इन लोगों का भी क्या कल्चर होता है। पार्वती बतला रही थी, इसके पति ने लड़की के सारे गहने गिरवी रख छोड़े हैं।"

"सब सुन लिया है मैंने–एंड आय एम लीस्ट इंटरेस्टेड। एक बात कहूं?"

मैं चुप।

"दूसरे की लड़कियों की तो इतनी खोज-खबर रखती हो, अपनी लड़की का अता-पता मालूम है?"

मैं खाली-खाली आंखों से उन्हें देखती भर रही।

"प्रिया कहां है?"

"कॉलेज गई है।"

"लौटे तो उससे पूछना, कौन सी फिल्म देखी?"

"फिल्म! आपने कहां देखा उसे?"

"अल्पना के पास। ओल्ड सेक्रेटेरियट गया था। वहीं से लौटते हुए देखा। सोचा, तुम्हें भी यह खुशखबरी देता चलूं।"

उनके व्यंग्य की धार मेरे अंतस्थल पर खरोंच-सी करती चली गई।

फिर उठकर कोट पहनते हुए बोले, "एक बात शायद बताना भूल गया। प्रिया अकेली नहीं थी। और मैं जानना चाहता हूं, साथ में कौन था?"

"कौन था? यानी कि लड़का?" उनके जाने के बाद भी बड़ी देर तक मैं सुन्न होकर बैठी रही। प्रिया की गुनगुनाहट और सैंडिल की खटखट से ही मेरी तंद्रा टूटी।

"मम्मी! तुम यहां हो! हमने सारा घर छान मारा। कुछ खाने को दो न! बड़ी भूख लगी है," उसने मेरे गले में बांहें डालते हुए कहा।

मैंने घड़ी देखी, ठीक सवा पांच हो रहे थे। बारह से तीन का शो देखकर वह ठीक समय पर घर पहुंच गई थी। मम्मी को संदेह की जरा भी गुंजाइश उसने नहीं छोड़ी थी। मेरा मन तिक्त हो उठा।

"उठो न मम्मी, प्लीज!"

"टॉकीज पर कुछ रिफ्रेशमेंट नहीं मिला क्या आज?" मैंने सहज स्वर में पूछा।

"टॉकीज?" उसने बड़ी-बड़ी आंखों को गोल-गोल घुमाया।

"कौन सी पिक्चर देखी आज?" मैंने दूसरा प्रश्न पूछा।

"तुम्हें...कैसे पता चला?" उसने आशंकित स्वर में पूछा।

"डैडी ने बताया था। उन्होंने यह भी बताया था, साथ में कोई और था। पर वे पहचान नहीं पाए।"

इसके बाद उसे छटपटाता छोड़कर मैं किचन में चली आई। मालूम था, वह अधिक देर तक चुप नहीं रह सकेगी। खुद ही सब कुछ उगल देगी।

मेरा अंदाज सही निकला। दस-पंद्रह मिनट बाद ही मेरे गले में बांहें डालते हुए उसने कहा, "मेरी अच्छी मम्मी, मुझे माफ कर दो।"

"छोड़ो मुझे, काम करने दो," मैंने रुखाई से कहा।

उसने आगे बढ़कर गैस बंद की और मेरा मुंह अपनी ओर घुमाकर बोली, "पहले मेरी बात सुनो, प्लीज!"

"सुन रही हूं, कहो," स्वर मेरा अब भी सख्त था।

मेरे कंधे पर सिर रखकर उसने कहा, "डैडी को समझा लोगी? उनके गुस्से से बहुत डर लगता है। तुम कह देना, सहेलियों के साथ गई थी। अशोक सिर्फ टिकट निकालने के लिए साथ गया था।"

"अशोक कौन?"

"अरुणा का भाई। तुमने देखा तो है न उसे। वह क्या इतना चीप लगता है कि साथ जाना भी गुनाह है?"

मैं कुछ नहीं बोली। अपनी बात उसके डैडी के गले उतारना कितनी टेढ़ी

खीर है, मैं जानती थी।

डर के मारे प्रिया ने खाना जल्दी ही खा लिया था, लेकिन फिर भी उन्होंने उसे बुलवा भेजा और सामने वाली कुर्सी पर बिठाकर इस तरह क्रॉस एक्जामिन किया कि बेचारी रोनी-रोनी हो आई। उनकी बमबारी के सामने सारे बहाने कच्ची मिट्टी की तरह ढह गए। उनके सामने तो वह चुप रही। उनके बाहर जाते ही तमतमाए चेहरे से बोली, "मैं तो सोच रही थी कि हम लोग बड़े फॉरवर्ड हैं। यह तो आज मालूम हुआ कि घर में अंग्रेजी बोलने से ही कोई मॉडर्न नहीं हो जाता। मेज पर खाना खाने वाले लोग भी दकियानूसी हो सकते हैं।"

लेकिन मेरे लिए यह प्रसंग यहीं समाप्त नहीं हो गया। बेडरूम में किसी बौखलाए शेर की तरह वे मेरी प्रतीक्षा कर रहे थे। मेरे अंदर जाते ही बरस पड़े, "दुनिया की औरतें नौकरी करती हैं और घर भी देखती हैं। तुमसे एक काम भी ढंग से नहीं हो सकता।"

"इतना तूफान मचाने जैसी तो कोई बात नहीं है," मैंने हकलाते हुए कहा।

"नहीं, आप तो शांति से बैठकर भजन कीजिए। वह लड़की छह महीने से उसके साथ घूम रही है और आपको आज पता चला है, वह भी मेरी बदौलत।"

उनका गर्जन-तर्जन बहुत देर तक चलता रहा। मैं यही मनाती रही कि उनकी आवाज कमरे के बाहर न पहुंचे। यह तो फिर भी गनीमत थी कि विवेक अपने कॉलेज डे में बिजी था। नहीं तो वह एक और हंगामा खड़ा कर देता।

इनका मूड सुबह तक भी सही नहीं हो पाया था। प्रिया की आंखें भी सूजी-सी लग रही थीं। शायद रात भर रोती रही। वह इनसे सामना होने के डर से दस बजे तक कमरे से बाहर ही नहीं निकली। दफ्तर जाने से पहले ये उसके कमरे तक गए और दरवाजे के पास खड़े होकर बोले, "बेबी! कल जो हुआ, लेट अस फॉरगेट इट। लेकिन आगे से यह बात रिपीट न हो।"

और एक महत्त्वपूर्ण निर्णय सुना चुकने के भाव चेहरे पर लेकर लौट रहे थे कि प्रिया ने आवाज दी, "डैडी!"

इन्होंने पलटकर देखा, प्रिया कमरे के दरवाजे पर खड़ी थी।

"डैडी! मैं अशोक से प्रेम करती हूं। आय लव हिम। और जितनी जल्दी आप यह जान लें, अच्छा ही है।"

"अशोक से प्रेम करती हो?"

"जी हां! और हम लोग शादी करने वाले हैं।"

"शादी! शादी का मतलब भी समझती हो!" और कहते हुए वे उसके कमरे में चले गए। पीछे-पीछे मैं भी।

"मैं अब बच्ची नहीं हूं डैडी! अपना भला-बुरा सब समझती हूं।"

"अच्छा, बाय द वे–ये आपके अशोक साहब क्या करते हैं?"

"स्कूल में लेक्चरर हैं।"

"किस स्कूल में?"

"मुझे नाम नहीं मालूम।"

"क्या तनख्वाह है?"

"मैंने कभी नहीं पूछा।"

"कहां तक पढ़ा है?"

"एम. ए.।"

"विषय?"

"पॉलिटिक्स।"

"डिवीजन?"

...

"आगे क्या इरादा है?"

...

ये जमकर प्रिया के पलंग पर बैठ गए थे और प्रश्न पर प्रश्न दागते चले जा रहे थे और आधे से अधिक प्रश्नों का प्रिया के पास उत्तर नहीं था। प्रेम में शायद यह सब कुछ जानने की जरूरत नहीं पड़ती। लेकिन ये सब वही प्रश्न थे, जो मां-बाप के लिए बहुत जरूरी होते हैं। एक घंटा लेट होकर जब वे ऑफिस के लिए रवाना हुए तब तक प्रिया पसीना-पसीना हो चुकी थी।

इन्होंने विषय वहीं समाप्त नहीं कर दिया। आठ दिन में यहां-वहां से खोज-खबर लेकर अशोक की जन्मपत्री ले आए। जो कुछ भी जानकारी मिली थी, वह बहुत खुश होने लायक नहीं थी। ये तो इतने गरम हो रहे थे, "हजार बार कहा होगा, बच्चों के फ्रेंड सर्कल पर नजर रखा करो। लेकिन समाजवाद तो हमारे घर से ही शुरू होगा न!"

"ऐसा क्या गजब हो गया?"

"आज उसके पिता को देखा। ही इज सिम्पली ए हेडक्लर्क। पांच बच्चे हैं। लड़का सबसे बड़ा है। बाकी चारों लड़कियां, बिनब्याही। और इनकी अपनी

तारीफ क्या है! सेकंड क्लास एम. ए. हैं पॉलिटिक्स में, और किसी प्राइवेट स्कूल में टाइम पास कर रहे हैं।

"मैं तो हैरान हूं, अपने पांव के नीचे जमीन नहीं है, फिर भी लोगबाग इश्क करते कैसे हैं?"

सारा का सारा वर्णन इन्हीं शब्दों के साथ प्रिया को सुनाया गया।

"वह लॉ भी तो कर रहा है," उसने रोनी आवाज में कहा।

"उससे क्या होता है बेबी, मेरे पास बीस क्लर्क हैं, जो बी. ए., एल-एल. बी. हैं। और बीस हैं, जो दो-दो विषयों में एम. ए. कर चुके हैं या कर रहे हैं। बाहर की दुनिया में कम्पीटीशन कितना टफ है, जानती हो?"

"मैं थोड़े में गुजारा कर लूंगी।"

"थोड़े में मतलब कितने में? मिनिमम रिक्वायरमेंट्स तो मनुष्य को चाहिए ही न?"

"वह किसी कम्पीटीशन वगैरह में बैठ जाएगा। आजकल इतनी परीक्षाएं होती हैं।"

"परीक्षाओं में क्या कर लेंगे जनाब! सेकंड क्लास कैरीअर है शुरू से आखिर तक। इतना आसान नहीं है कम्पीटीशन में आना। उसके घर गई हो कभी?"

"कई बार। उसकी बहन मेरी सहेली है।"

"दोनों घरों के कल्चर में, स्टैंडर्ड में कितना फर्क है, कभी गौर किया है? दो घंटे सहेली बनकर जाना अलग बात है, हमेशा जाकर रहना और बात है। किन-किन बातों को एडजस्ट करोगी? यहां तो एक दिन तुम्हें नाश्ते में अंडा न मिले तो आसमान सिर पर उठा लेती हो। उस घर में चल सकेगा यह सब?"

बात कहने का उनका लहजा कठोर जरूर था, पर यह मैं समझ गई कि उनके अंदर का बाप ही उनसे यह सब कहलवा रहा है। इकलौती बेटी के भविष्य के लिए वे एकदम चिंतित हो उठे थे। उनके व्यवहार में भी एकाएक परिवर्तन आने लगा। दफ्तर की फाइलें अब उन पर इतनी हावी नहीं रहती थीं। अकसर वे बच्चों के पास बैठने का समय निकाल लेते थे। उनकी पढ़ाई में इंटरेस्ट लेने लगे थे। खुद ही जिद करके पिक्चर या शॉपिंग का प्रोग्राम बना डालते। अकसर हमारे यहां शाम को ब्रिज या रमी का गेम जमने लगा था और छुट्टी के दिन कहीं बाहर घूमने का भी इन्हें अचानक शौक सा हो गया। मुझे मालूम था, यह सब प्रिया को व्यस्त रखने के लिए हो रहा है, पर मुझे अच्छा

लग रहा था। पुराने दिन फिर लौट आए थे, जब ये बॉस नहीं थे। बच्चे घर के बदले हुए वातावरण को कितना पसंद कर रहे थे, यह जानने का समय भी मेरे पास नहीं था। जीवन इतना व्यस्त हो गया था। अशोक का इन्होंने फिर कभी नाम भी नहीं लिया। लेकिन कोई रोमांटिक फिल्म देखकर हम लोग लौटते तो यह कहते, "सब बकवास है। अगर सचमुच ही इन लोगों को यह सब निभाना पड़े तो इन सब हेमामालिनियों को छठी का दूध याद आ जाए।"

प्रिया दार्शनिक मुद्रा में डैडी की बातें सुनती रहती। वह इन दिनों बेहद गंभीर हो गई थी। अकसर अपने कमरे में बैठी शून्य में देखती रहती। कॉलेज भी यदा-कदा गोल कर जाती थी। उसकी खिलखिलाहट के बिना घर, घर नहीं लगता था। सहेलियों का जमघट भी पहले का सा नहीं लगता। कई बार उसे तकियों में मुंह छिपाकर रोते हुए भी देखा। मेरा मां का मन सांत्वना के लिए दौड़ पड़ता। मैं कहना चाहती थी–'बेबी, लोग कुछ भी कहें, मनुष्य को अपने मन की आवाज पर ही अमल करना चाहिए। जीवन में पैसा ही सब कुछ नहीं होता।' पर आवाज मेरे गले में ही फंसकर रह जाती और मैं सिर्फ उसके सिर पर हाथ फेरती रहती। ननदोई जी का पत्र आया था। लिखा था, शोभा का, उनकी लड़की का, डॉक्टर देवर दो महीने के लिए अमेरिका से आया हुआ है। इस बार शादी करके ही वापस जाएगा। यद्यपि हम परिवार के बारे में शोभा की शादी में सुन चुके थे, उन्होंने फिर सारा वर्णन लिखा था–ससुर रिटायर्ड कमिश्नर हैं, एक जेठ आर्मी में हैं, एक जेठ उत्तर प्रदेश में डिप्टी सेक्रेटरी पद पर हैं। शोभा का पति किसी प्राइवेट फर्म में एक्जीक्यूटिव पोस्ट पर है। ननद-ननदोई कैनेडा में फार्म लेकर वहीं सेटिल हो गए हैं। छोटी ननद आई. ए. एस. की तैयारी कर रही है, वगैरह-वगैरह। अंत में लिखा, हम चाहें तो प्रिया को यहां दिखा दें।

पत्र पढ़कर इन्होंने पूछा, "क्या विचार है?"

मैंने कहा, "मेरा विचार किस काम का! अपनी लाड़ली से पूछिए। मुझे तो उसके मन की थाह ही नहीं मिलती आजकल।"

"पूछने का काम तो मां लोगों का ही होता है। खैर, पत्र तो उसे दिखा ही दो," इन्होंने कहा।

सचमुच घर-वर दोनों ही ऐसे थे कि किसी को भी लालच हो आता। लेकिन मैं प्रिया पर किसी तरह का दबाव डालना नहीं चाहती थी। मैंने पत्र उसे देकर कहा, "पापा ने तुम्हारी राय जाननी चाही है।"

दो दिन यूं ही निकल गए।

तीसरे दिन दफ्तर जाते हुए ये बोले, "भई, मेरे कपड़े ठीक करके रख देना। रात को पंजाब मेल से जाऊंगा मैं...हां, और प्रिया, तुमने क्या तय किया?"

प्रश्न इतना सीधा और अप्रत्याशित था कि मैं और प्रिया दोनों ही स्तब्ध रह गए। वह मेज पर पड़े 'फिल्मफेयर' के पन्ने उलटती रह गई।

"कम ऑन बेबी, चीयर अप!" जूते के तसमे बांधते हुए ये बोले, "इसमें इतना सोचना क्या है? यस ऑर नो, बस!"

"डैडी," उसने कांपती हुई आवाज में शुरू किया, "डैडी, उसके पास मेरे कई लेटर्स हैं," इतना कहते हुए भी उसे पसीना छूट गया।

"आय विल सी टू दैट। और? और कुछ नहीं है? आर यू शोर?" और खट-खट सीढ़ियां उतरकर ये गैरेज की ओर चले गए।

मैं फटी-फटी आंखों से प्रिया को देखती रही—

'उसके पास मेरे कई लेटर्स हैं।

'सिर्फ लेटर्स हैं? लड़की, तुझे क्या हुआ है? महीने भर तक अपने आप में घुलते रहने के बाद यही निर्णय लिया है तूने? अशोक के साथ न सही, अपने साथ तो ईमानदारी बरती होती।'

पर इतने सोच-विचार के लिए समय ही नहीं था। दोनों की अटैचियां तैयार करनी थीं। इनके तो क्या बस चार कपड़े रखने थे, लेकिन प्रिया के कपड़ों को लेकर कोई निर्णय नहीं हो पा रहा था। कभी वह मेरा वार्डरोब खोलकर बैठ जाती कि अवसर के लायक चार-छह साड़ियां छांट ले। कभी उसे खयाल आता, फॉरेन रिटर्न्ड दूल्हे का और वह अपनी नीली लेस वाली मैक्सी और बेलबॉटम अटैची में ठूंसने लगती। कुछ ही देर में उसने सामान का ऐसा अंबार लगा दिया कि कहना पड़ा, "बेबी, तुम वहां सिर्फ चार दिन के लिए जा रही हो, चार महीनों के लिए नहीं।"

मेरे कंधे पर सिर रखकर वह एक शर्मीली-सी हंसी हंस दी। बहुत दिनों बाद उसे यूं मुस्कराते देखा। मुझे खुश होना चाहिए था, पर नहीं हो सकी।

उन लोगों के चले जाने के बाद घर एकदम सूना हो गया था।

खाने-वाने से निपटकर मैंने निटिंग उठाई और सीधी लॉन पर ही आकर बैठ गई।

अभी मुश्किल से पांच-छह लाइनें निकाल पाई थी कि फाटक खड़का।

मुझे लगा, पार्वती आई है, पर मुड़कर देखा तो अशोक था। साइकिल फाटक से टिकाकर वह अंदर आया। उसे पहली बार इतने पास से, इतने गौर से देखा था। सोचा, प्रिया इस पर जान छिड़कती थी, सो गलत नहीं था।

"यह देने के लिए आया था," उसने एकदम पास आकर सर्द स्वर में कहा।

"क्या है?"

"चिट्ठियां हैं—गिन लीजिए, इकतीस हैं।"

मैंने रेशमी रिबन में बंधा हुआ वह बंडल लेकर मेज पर रख लिया। कुछ कहना चाहती थी, पर शब्द ही नहीं याद आए।

"आप गिन लेतीं तो ठीक था," उसने फिर कहा।

"मुझे विश्वास है," किसी तरह इतना कह सकी मैं।

"थैंक्यू! वैसे अच्छा हुआ, आपका संदेश जल्दी मिल गया। नहीं तो शायद इनकी राख ही आपको लौटा पाता। छोटा सा घर है मेरा, इतने सारे कागज कहां सहेजकर रखता मैं।''

मैंने उसकी ओर देखा, मुझे उसका चेहरा नन्हे विवेक-सा लगा, जब वह खेल में हारकर या पिटकर लौटता था। मन हुआ, उसका चेहरा दोनों हाथों से पकड़कर चूम लूं, आंचल में छुपा लूं—दुलरा लूं—कुछ तो करूं, जिससे यह चेहरा फिर से हंस उठे, खिल उठे।

मुझे होश आया, तब तक वह दूर जा चुका था। बहुत दूर। चिट्ठियां लेकर मैं घर में आई। घर एकदम सुनसान। फिर भी मैंने अपने कमरे का दरवाजा कसकर बंद कर लिया। पहला पत्र खोलते हुए लगा, अपनी बेटी के पत्र पढ़ना शायद पाप है। लेकिन अब यह प्रेमपत्र कहां थे, अब तो निरे कागज थे ये।

पत्रों में नया कुछ नहीं था। उन्नीस-बीस वर्ष की लड़कियां जैसे भावुक पत्र लिखती हैं, वैसे ही थे वे। हर पत्र में अपने अमर प्रेम का विश्वास दिलाया गया था। जीवन भर साथ निभाने की कसमें थीं, चौबीस घंटे न देख पाने की विरह व्यथा थी, भविष्य के सपने थे, वर्तमान का मलाल था। उलाहने थे, क्षमा-याचना थी।

अंतिम दो-तीन पत्रों में हम लोगों का जिक्र था—"मेरे राजा! मम्मी-डैडी सब कुछ जान गए हैं। मुझे सब बताना ही पड़ा आखिर। डैडी तो बहुत नाराज हुए। पर मुझे विश्वास है, मेरे चांद को एक बार देख लेंगे तो सारा विरोध भूल जाएंगे।"

डैडी ने शायद 'चांद' को कभी देखा ही नहीं। इससे पहले ही वह रिजेक्ट हो गया था। उन्होंने किस खूबी से अपनी बातें प्रिया के गले में उतारी थीं। जोर-जबरदस्ती करते तो शायद वह विद्रोह कर बैठती, पर उन्होंने मौका ही नहीं दिया। वे उसे अपने सर्किल में घुमाते रहे, दैनिक फिल्में दिखाते रहे, महंगी से महंगी चीजें खरीदकर देते रहे। उनके तरकश का एक तीर भी खाली नहीं गया था।

सभी को विश्वास है कि प्रिया का यह रिश्ता पक्का हो जाएगा। न भी होगा तो उसके डैडी इससे भी अच्छी जगह उसकी बात चला सकते हैं। लेकिन इस लड़के का, अशोक का, खोया हुआ आत्मविश्वास कौन लौटाकर देगा?...

पार्वती पूछ रही थी, "बाईसाब, बहुत कम बरतन निकल रहे हैं आजकल?"

"खाने वाला है ही कौन, मैं और भैया। साहब और बेबी तो दिल्ली गए हुए हैं न।"

"तभी तो घर सूना-सूना लग रहा है," उसने कहा, "काशी भी चली गई बाईसाब कल।"

"चली गई! चलो, अच्छा हुआ, लड़कियां अपने-अपने घर ही अच्छी लगती हैं।"

लेकिन वह तो रोने बैठ गई। इतना बिलखकर रो उठी कि मैं तो परेशान हो गई कि कैसे समझाऊं। आखिर रामप्रसाद चिल्लाया, "रोती क्यों है, शहर में तो ससुराल है। जब चाहे मिल आना, जब चाहे बुला लेना।"

"अरे भैया, उसके बाप ने कहा है, घर में घुसेगी तो जान ले लूंगा।"

"अरे! ऐसा क्यों?"

उसके जवाब में पार्वती ने अपनी रामकहानी सुनाई–काशी का बाप उसका रिश्ता दूसरी जगह तय कर आया था। वहां से पांच सौ लेकर उसके जेवर बनिये के यहां से उठाकर पहले वाले को लौटाने का प्लान था। रात उसने पंचायत बुलाई थी और दामाद पर आरोप लगाया था कि वह शराब पीकर काशी को मारपीट करता है, इसलिए वह लड़की को नहीं भेजना चाहता और रिश्ता तोड़ना चाहता है। उसने पांच-छह गवाह भी जोड़ रखे थे। काशी और काशी की मां तो थी ही।

"फिर?"

"फिर क्या, काशी ने सबके सामने कह दिया कि उसे कोई तकलीफ नहीं है। वह अपने घर जाना चाहती है। पंचों के बीच बाप की नाक काटकर वह चली गई। बाप ने कह दिया, घर से अब उसे कुछ भी नहीं मिलेगा।"

"और उसके गहने?"

"अब थोड़े ही लौटाएगा वह। उसे तो बहाना मिल गया।"

"ससुराल वाले उसे परेशान नहीं करेंगे?"

"अब जो उसकी किस्मत में लिखा होगा," पार्वती ने एक उसांस भरकर कहा, "लेकिन बाईसाब, बड़ी समझदार लड़की है। कहती है, उस जनम में कोई पाप किया होगा तो इस जनम में भुगत रही हूं। अब और पाप क्यों कमाऊं?"

कहानी सुनकर मेरे बदन पर कांटे उग आए थे। पार्वती के जाने के बाद कितनी देर तक मैं वहीं आंगन में पीढ़े पर शोकमग्न बैठी रही।

रामप्रसाद बरतन उठाने आया तो मैंने दर्द से भीगे स्वर में कहा, "रामप्रसाद, सुना तुमने, बाई क्या कह रही थी?"

"आप भी हुजूर, बहुत सोचती हैं। छोटी जात के लोग हैं ये। इनका धर्म क्या, ईमान क्या?" रामप्रसाद अपनी पंडिताई के गर्व में बोला।

सच तो है, छोटी जाति के लोग हैं ये। फिर उस अनपढ़-गंवार छोटी सी लड़की को कौन सिखा गया कि पाप क्या है, पुण्य क्या है। न्याय क्या है, अन्याय क्या है। कौन सा साहस था उसमें, जो इतने लोगों के सामने मुंह खोलकर अपने मन की बात कइ गई वह?

मेरा यह प्रश्न मुझे ही बड़ी देर तक सालता रहा।

स्वयंवर

जिनके हिरदै श्रीराम बसे,
तिन और का नाम लियो न लियो।
जिन मात-पिता की सेवा की,
तिन तीरथ-स्नान कियो न कियो

मुकेश का यह प्रसिद्ध भक्ति-गीत प्रभा ने बड़ी मुश्किल से गाकर समाप्त किया। आवाज उसके गले में फंसने-सी लगी थी। माना कि वह संगीत विशारद है, पर हर कहीं तो गाना जम नहीं पाता। खासकर ऐसे माहौल में, जहां आप न गजल गा सकते हैं, न ठुमरी। पक्के राग का तो कोई प्रश्न ही नहीं उठता। फिर ले-देकर वही भजन रह जाते हैं।

प्रशंसा में तालियों की गड़गड़ाहट का यहां औचित्य भी नहीं था, फिर भी श्रोताओं की आंखों में तैरती तृप्ति को देखने के लिए अनायास ही उसकी नजरें ऊपर उठ गईं। वे चारों उसी को देख रहे थे। नजरें मिलते ही एक ने कहा, "कोई फिल्मी सुनाइए न! हमारे विजय बाबू फिल्म संगीत के बड़े शौकीन हैं।"

एकदम भीतर तक काठ हो आई वह। असहाय, कातर नजरों से उसने अपने भाई की ओर देखा। आनंद की नजरों में जैसे लावा उबल रहा था। आदेश-सा देते हुए उसने कहा, "दीदी, अंदर चलो तुम।"

फिर मेहमानों की ओर मुखातिब होते हुए बोला, "श्रीमान! यह कोई विविध भारती का फरमाइशी प्रोग्राम नहीं। आपने लड़की का गाना सुनना चाहा था, सुना दिया गया। बस! यह मत भूलिए कि आप एक शरीफ घर में बैठे हैं।"

"कैसे स्वर में बात कर रहे हैं आप? घर बुलाकर अपमान कर रहे हैं? इसका परिणाम ठीक नहीं होगा-याद रखिए।"

"अपमान मैंने नहीं, आपने किया है। यह न सोचिए कि आप बहकते चले जाएंगे और हम लोग नम्र बने रहेंगे। शिष्टाचार की सीमाएं दोनों को निभानी होंगी।"

भीतर के दरवाजे से लगी प्रभा सारा वार्तालाप सुनती रही और अपने संभाव्य विवाह की योजना को फिर एक बार ध्वस्त होते देखती रही। इच्छा तो हुई थी

कि दौड़कर अम्मां को बुला लाए या फिर आनंद को ही रोक ले, पर उससे कुछ नहीं हुआ। जब तक सुन सकी, वहां खड़ी रही। असह्य हो गया तो भीतर अम्मां के पास चली आई।

अंदर अम्मां बेचारी हलुए और समोसों की प्लेटें ट्रे में सजाए प्रतीक्षा में बैठी थीं। आनंद को यह कभी अच्छा नहीं लगता कि दीदी चाय-नाश्ते की प्लेटें लेकर मेहमानों के सामने जाए। वह खुद ही यह काम कर लेता है। इसीलिए अम्मां ने कहा, "लल्लन से कहो, आकर ले जाए। ठंडा हो रहा है।"

उत्तर में बाहर का दरवाजा एक धमाके के साथ बंद हुआ और आनंद खुद ही भीतर चला आया।

"बेटा, यह नाश्ता..."

"नाली में फेंक दो," उसने कहा और वहीं चौंकी पर पसरकर बैठ गया।

"पर हुआ क्या? कुछ बोल तो! लाली, तू ही बता दे।"

"कुछ नहीं हुआ, मेहमान उपासे थे। लेकिन, एक बात कान खोलकर सुन लो तुम लोग। आज का प्रदर्शन मेरा आखिरी प्रदर्शन था। अब कभी इस तमाशे के लिए मजबूर न करना।"

प्रभा ने कहा और वहां से चली आई। कुछ क्षणों के लिए उसे निपट एकांत की आवश्यकता थी। पर, भागकर जाए तो कहां जाए? गिनती के तीन तो कमरे हैं। पिछले पंद्रह-बीस सालों से इसी में रहते आए हैं। अब तो इससे अच्छा घर वे लोग किराए पर ले सकते हैं। पर अम्मां ही नहीं मानतीं। कहती हैं, "पहले प्रभा को निपटाओ। वह अपने घर चली जाए, फिर हम नए घर के बारे में सोचेंगे।"

अपने बिस्तर पर लेटकर वह मन ही मन सबसे कट जाने का प्रयास करने लगी, पर किचन का वार्तालाप बरबस उसके कानों से टकरा रहा था। आनंद बेतरह उखड़ा हुआ था और अम्मां तरह-तरह से उसे समझा रही थीं, ऊंच-नीच का, सब्र का पाठ पढ़ा रही थीं।

बेचारी अम्मां! प्रभा को भी तो इसी तरह दिन भर समझाती-बुझाती रहती हैं। उन्हीं के मान-मनुहार का लिहाज रख लेती है प्रभा। नहीं तो उसे भी यह सब कहां अच्छा लगता है। तीस पार करने के बाद, सज-संवरकर, इस तरह वधू-परीक्षा के लिए बैठते हुए मन बेतरह व्याकुल हो उठता है। मन करता है, अम्मां से चीखकर कहे, 'जब सचमुच इन बातों में रस था, जब सपने देखने की उम्र थी, तब तो मुझे गृहस्थी की गाड़ी में जोत दिया था। अब वह उत्साह

मैं कहां से लाऊं? समय की निर्मम आंधी में मन भी मुरझा गया है, साथ ही रूप, लावण्य भी धुंधला गया है। फिर रोज की यह नुमाइश किसलिए?'

पर, वह मुंह से कुछ नहीं कहती। जो कुछ भी हुआ, उसमें अम्मां का दोष ही क्या था? उसकी शादी का सलोना सपना अम्मां ने भी तो देखा था। पता नहीं कब से उन्होंने चुपके-चुपके सामान जोड़ना शुरू कर दिया था। उनकी मध्यमवर्गीय गृहस्थी में बचत की गुंजाइश ही कहां थी? फिर भी, वे तैयारी में जुटी थीं, जिससे समय पर परेशानी न हो। बहुत बड़े लोग नहीं थे वे, पर जिंदगी आराम से कट रही थी।

पर, नियति के एक प्रहार ने ही सब कुछ तहस-नहस कर दिया। बाबू जी एक दिन दफ्तर गए तो लौटे ही नहीं। लौटा उनका छिन्न-विच्छिन्न कलेवर। नन्हे आनंद ने कांपते हाथों से पिता को अग्नि दी। उसी चिता में राख हो गए प्रभा के सुकुमार सपने भी। कॉलेज की पढ़ाई बीच में ही छोड़कर मात्र अठारह वर्ष की आयु में उसने एक स्कूल में नौकरी कर ली। पिछले चौदह वर्षों से वह वहीं जमी हुई है। इस बीच कितने ही तूफान आए, पर वह मजबूती से पतवार थामे रही। बाबू जी का सपना था, आनंद को डॉक्टर बनाएंगे। प्रभा ने वह सपना पूरा किया। विभा भी इस साल बी. एस-सी. हो जाएगी। समय के साथ भागते हुए हांफ चली थी वह। सोचा था, अब जिम्मेदारियां खत्म हो चली हैं। अब थोड़ा सुस्ता लेगी वह।

पर, इधर अम्मां को पता नहीं कैसा पागलपन सवार हुआ है। जब से आनंद की पढ़ाई समाप्त हुई है, हाथ धोकर प्रभा की शादी के पीछे पड़ गई हैं। उनके जीवन की एकमात्र साध बन गई है उसकी शादी। और तभी से देखने-दिखाने का चक्कर शुरू हो गया है।

लोग भी ऐसे हैं, देखने तो आते हैं उसे और मांगते हैं विभा को। जैसे लड़की न हुई, तरकारी हो गई। छांटकर लेंगे। कितना ही समझाए कि दोनों बहनों में पूरे दस साल का अंतर है, पर उन्हें कोई अंतर नहीं पड़ता। अब तो जब कोई आने को होता है, अम्मां विभा को बाहर भेज देती हैं क्योंकि कितना ही छिपाकर रखो, महिलाएं तो घर देखने का बहाना कर भीतर आ ही जाती हैं। स्कूटर की परिचित आवाज से प्रभा की तंद्रा टूटी। खिड़की से उझककर देखा, गोपाल दा ही थे। बड़े सधे हुए ढंग से उन्होंने सीढ़ियों के पास गाड़ी रोकी और फिर संतुलित कदम रखते हुए ऊपर आ गए। बड़े जीवट वाले व्यक्ति हैं। कौन कहेगा कि इनका दायां पांव घुटने से नीचे एकदम संज्ञाशून्य है।

शारीरिक और मानसिक रूप से कितना झेला है इन्होंने, फिर भी हमेशा हंसते हुए रहते हैं। जब-जब अम्मां टूटने लगती हैं, इन्हीं को देखकर हिम्मत जुटाती हैं। बिना किसी नाते-रिश्ते वाला यह भतीजा अम्मां को इसीलिए बहुत प्यारा है।

स्कूटर की आवाज सुनकर उन्होंने ही दौड़कर दरवाजा खोला। गोपाल दा ने झुककर पालागन किया तो निहाल होकर आशीर्वादों की जैसे झड़ी लगा दी।

"चाची," अपनी प्रिय आरामकुर्सी पर बैठते हुए गोपाल दा ने कहा, "कोरे आशीर्वाद से पेट नहीं भरेगा, आज हलुआ खिलाइए।"

"हाय, तुम्हें कैसे पता चला कि मैंने हलुआ बनाया है?"

"हलुए की खुशबू उस मोहल्ले तक पहुंच गई है। तभी तो भागा-भागा आया हूं। देसी घी की सुगंध रोज-रोज थोड़े ही मिलती है। इसलिए एकदम पकड़ लेता हूं।"

प्रभा को जोर से हंसी आ गई। नाश्ते की अनावृत प्लेटें रसोई में एकदम सामने ही तो रखी थीं और गोपाल दा बड़े ज्योतिषी बने अम्मां को बहला रहे थे।

प्रभा उठी और सजी-सजाई ट्रे लाकर बीच वाली मेज पर रख दी। बोली, "गोपाल दा! आप ही प्रसाद पाइए। शायद आप ही के हिस्से का था यह सब क्योंकि जिनके लिए बना था, वे तो अभागे निकले।"

दरअसल वह जानबूझकर उस प्रसंग को हंसी में उड़ाना चाह रही थी, ताकि घर का वातावरण कुछ सहज हो जाए।

"क्या यह सब मैं अकेला ही खाऊंगा?"

"नहीं, हम लोग भी साथ देंगे। आनंद, चल। तुम भी लो न अम्मां! लो, विभा भी आ गई।"

"तो यह सरंजाम किसी अभागे के लिए था," गोपाल दा ने पूरा समोसा मुंह में ठूंसते हुए कहा, "मैं समझा, कोई त्योहार है आज। तीज-त्योहारों का पता भी तो मुझे यहीं आकर लगता है।"

"गोपाल दा," विभा ने कहा, "हमारे यहां आजकल हर पंद्रह-बीस दिन बाद त्योहार मनता है दीदी के वर-दिखावे का।"

"विभा," अम्मां ने आंखें तरेरीं, पर वह अपनी रौ में कहे जा रही थी, "हर बार इतना सब कुछ बचता थोड़े है गोपाल दा! मरे भुक्खड़ों की तरह सब चट

कर जाते हैं। आज शायद हमारे 'वुड हैव बीन जीजा जी' का उपवास रहा होगा।"

"होल्ड योर टंग विभा!" आनंद गरजा।

विभा सहमकर चुप हो गई। मुंह फुलाकर उसने प्लेट भी परे रख दी।

"गुड़िया," प्रभा ने सांत्वना के स्वर में कहा, "तू क्या समझती है, मुझे सब अच्छा लगता है? मैं तो खुद तंग आ गई हूं। पर, मेरी कोई सुने तब ना।"

"तुम क्या तंग आओगी दीदी!" विभा ने तमककर कहा, "तंग तो मैं आ गई हूं। तुम्हें क्या, घर में बैठकर मेहमानों को चाय भर पिलानी होती है। मुसीबत तो मेरी आती है। न दिन देखते हैं, न रात, बस मुझे घर-निकाला दे देते हैं। अब तो यह हाल है कि वक्त-बेवक्त कभी भी सहेलियों के यहां पहुंच जाऊं तो पूछने लगती हैं कि क्या फिर कोई दीदी को देखने आ रहा है?"

"आय से शटअप," आनंद दहाड़ा। प्रभा बीच में न पड़ती तो वह विभा की गरदन ही दबोच देता। बड़ी मुश्किल से उसे शांत किया जा सका। अम्मां भी क्षण भर को हतप्रभ रह गई थीं।

"बहुत जबान चलने लगी है इसकी।"

"इसे परमानेंट घर-निकाला दे दो चाची। सब ठीक हो जाएगा।"

"कैसे दे दूं? अभी तो यह बड़ी बैठी है।"

प्रभा भीतर चली आई। पर अब वह जाए तो कहां? विभा भी गुस्से में उफनती हुई कमरे में चली आई थी और तकिए में मुंह छिपाकर सिसक रही थी। कमरे में उसके सामीप्य की कल्पना से ही वह सिहर उठी। मजबूर होकर वह रसोई में चली आई और चाय बनाने लगी।

चाय बनाकर बाहर ले गई, तब वहां अम्मां और गोपाल दा दोनों ही थे। आनंद शायद कहीं चला गया था। चाय रखकर वह जाने लगी तो गोपाल दा ने उसे हाथ पकड़कर बिठा लिया, "प्रभा, एक प्रपोजल लेकर आया था। तू भी सुन और चाची को जरा समझाने की कोशिश कर।"

"अरे यह क्या समझाएगी मुझे? और मैं क्या मान जाऊंगी? न बेटा, पहले बड़ी की शादी होगी। विभा की बात तो अभी मैं सोच भी नहीं सकती। पहले ही इतनी परेशानी हो रही है। छोटी की पहले हो गई तो फिर सौ तरह के सवाल उठ खड़े होंगे।"

"लेकिन, ऐसा घर आसानी से नहीं मिलेगा। और वह भी मुफ्त में।"

"होगा उसके भाग्य में तो फिर जुट जाएगा।"

अम्मां तो जैसे सारा प्रसंग समाप्त कर भीतर चली गई, पर गोपाल दा ने उसे उठने नहीं दिया। सामने बिठाकर अपनी बात समझाने लगे। वह सुनती रही और कुढ़ती रही। मन खट्टा हो आया। जो भी आता है, विभा के लिए प्रस्ताव लाता है। वह जैसे किसी की गिनती में ही नहीं है।

एक अरसे से उसने अपने विवाह की आशा त्याग दी थी। तन-मन पर एक विराग-सा ओढ़कर वह जी रही थी। सुबह-शाम ट्यूशन करती, दोपहर भर स्कूल में रहती। बचा-खुचा समय अम्मां का हाथ बटाने में निकल जाता। अपने लिए सोचने का अवकाश ही किसे था!

पर पिछले दिनों की भागदौड़ से एक सपना मन में फिर अंकुराने लगा था, शायद वह स्वयं भी उतनी ही व्यग्र हो उठी है, इसीलिए तो अपना यह अपमानजनक प्रदर्शन करती रहती है। शायद इसीलिए अपनी नन्ही सी बहन के लिए कभी-कभी ईर्ष्या हो आती है।

वैसे गोपाल दा वाला प्रस्ताव सचमुच बड़ा लुभावना था। लड़का उन्हीं के बैंक में कार्यरत था और इस साल आई. ए. एस. परीक्षा में सफल हो गया था। पिता फाइनेंस में डिप्टी सेक्रेटरी थे। बहनोई इंजीनियर थे और गोपाल दा के पड़ोसी थे। बहन विभा के कॉलेज में केमिस्ट्री की लेक्चरर थी। इस रिश्ते की पहल उसी ने की थी। अपने इकलौते सर्वगुणसंपन्न भाई के लिए उसे ऐसी ही चांद-सी बहू अपेक्षित थी।

कपड़ों की सरसराहट सुन दोनों ने चौंककर देखा। विभा दरवाजे में खड़ी थी। परदे को मुट्ठियों में भींचते हुए उसने कहा, "आप बेकार परेशान हो रहे हैं गोपाल दा! जानते नहीं, हमारी लाइन अभी क्लीयर नहीं है!"

उसका स्वर एकदम सपाट था। पर आंखें?

स्कूल से लौट रही थी कि नुक्कड़ पर सविता के पापा जी से भेंट हो गई। उसने नमस्ते की तो उसका एक औपचारिक-सा उत्तर देकर वे अपनी राह हो लिए। न मुस्कराए, न कुशलक्षेम पूछी। हैरान रह गई प्रभा। ऐसा तो कभी नहीं हुआ था। बड़े सज्जन व्यक्ति हैं। फिर, जब से आनंद का रिश्ता तय हुआ है, उनके सौजन्य में विनम्रता भी घुल गई है। जब भी मिलेंगे, बड़े आदर-भाव से मिलेंगे। जानते हैं न कि घर में अम्मां के बाद उसका ही स्थान है। वे यह भी जानते

हैं कि प्रभा जोर न देती तो शायद रिश्ता कभी नहीं हो पाता। अम्मां तो प्रेम-विवाह के नाम से ही बिदक गई थीं। बड़ी मुश्किल से उन्हें राजी किया जा सका था।

"सविता के पापा आए थे?" उसने घर आते ही पूछा।

"हां," अम्मां का संक्षिप्त उत्तर था, "बहुत जल्दी में थे शायद। ठीक से बात भी नहीं की। उन्हें तो हर बात की जल्दी ही पड़ी रहती है।"

"क्या मतलब?"

"मतलब क्या, वही ढाक के तीन पात। शादी की जल्दी मचा रहे थे।"

"ठीक तो है। लड़की वाले हैं, उन्हें उतावली होना स्वाभाविक ही है।"

"लेकिन, मैंने तो सगाई से पहले ही जता दिया था कि सब्र करना पड़ेगा। जब तक लड़की की शादी नहीं होगी, तब तक मैं लड़के की बात सोच भी नहीं सकती।"

"और अगर तुम्हारी लड़की का संयोग न बने तो क्या उनकी लड़की जिंदगी भर कुंआरी बैठी रहेगी? यह बहुत गलत बात है अम्मां! बच्चे इज्जत दे रहे हैं, इसका गलत फायदा नहीं लेना चाहिए। किसी दिन कोर्ट मैरेज कर लेंगे तो तुम्हारे सारे अरमान धरे रह जाएंगे।"

उस वक्त तो अम्मां चुप हो गईं। प्रभा से वैसे भी थोड़ा डरती थीं। पर, शायद वे भरी हुई ही बैठी थीं। रात खाने के समय उन्होंने आनंद को बुरी तरह लताड़ा, "तू राय साहब को मना नहीं कर सकता? जब देखो, मुंह उठाए चले आते हैं।"

"मैं क्या उन्हें बुलाने जाता हूं?" आनंद भुनभुनाया।

"मना तो कर सकता है। क्या उन्हें हमारा विश्वास नहीं है? हमने जबान दी है, फिर बार-बार कोंचने का क्या मतलब है?"

"उन्होंने बताया तो होगा। कविता की शादी तय हो गई है। लड़का अगले महीने अमेरिका जा रहा है। इसीलिए तो..."

"तो कर दें न शादी। हम कोई मना करते हैं?"

"कर कैसे दें? तुम विभा की कर दोगी? कभी उनकी ओर से भी तो सोचकर देखो।"

क्षण भर को निरुत्तर हो गईं अम्मां। पर दूसरे ही क्षण पैंतरा बदलकर उन्होंने वार किया, "अरे वाह! अभी फेरे भी नहीं पड़े और लल्लन ससुराल

वालों के हो गए हैं। यह क्यों नहीं कहते कि अपनी शहनाई सुनने की बेसब्री है। जिसने इस लायक बनाया है, उसका तो कुछ लिहाज किया होता।"

"प्लीज, बस करो अम्मां!" प्रभा ने तड़पकर कहा।

"क्यों बस करूं? तू नहीं कहेगी तो क्या मैं भी चुप रह जाऊंगी? मैं जानती नहीं, कितने कष्टों से तूने इसे पढ़ाया है? किसी ऐरे-गैरे के बस की बात थी? न खाने का सुख देखा, न पहनने का। पूरी जिंदगी होम कर दी। दो बार पी. एम. टी. में नहीं आया, फिर भी हिम्मत नहीं हारी। डॉक्टर बनाकर ही दम लिया। तेरे बाबू जी होते तो वे भी हाथ खींच लेते, समझे?"

"बस करो अम्मां, तुम्हारे हाथ जोड़ती हूं। मैंने जो भी किया, अपने भाई के लिए किया। अपने पिता की आत्मा की शांति के लिए किया। मैंने सिर्फ अपना कर्तव्य किया, किसी पर एहसान नहीं किया। उसे बार-बार दुहराकर तुम मुझे छोटा मत बनाओ," प्रभा ने कहा और थाली से उठ आई। खाने की इच्छा ही जैसे मर गई थी।

आनंद भी हाथ में कौर लिए पत्थर की मूर्ति की तरह निःशब्द निश्चल बैठा हुआ था। उसके होंठ भिंचे हुए थे और चेहरा एकदम सफेद पड़ गया था।

"अम्मां," बड़ी देर बाद जैसे उसे स्वर मिला। वह स्वर एकदम गंभीर और सधा हुआ था।

"अम्मां," आनंद ने कहा, "हाथ में अन्न लिए बैठा हू मैं। इसी की सौगंध खाकर कहता हूं कि जब तक दीदी की शादी नहीं हो जाती, मैं अपनी बात सोचूंगा भी नहीं। बस, अब इस विषय में कभी कुछ मत कहना, तुमसे यही प्रार्थना है।"

एक सन्नाटा-सा खिंच गया घर में। अम्मां का मुंह खुला का खुला रह गया। फटी-फटी आंखों से वे बेटे को ताकती रह गईं। प्रभा भूल गई कि उसके हाथ में पानी से भरा लोटा है और वह हाथ धोने के लिए खड़ी है।

इस भयावह स्तब्धता को भंग किया विभा ने। इतनी देर से वह चुपचाप बैठी निवाले तोड़ रही थी। इत्मीनान से अपना खाना समाप्त कर वह उठी, प्रभा के पास आकर उसके हाथ से लोटा लगभग छीनते हुए बोली, "अब तो खुश हो न दीदी!"

सुबह की गाड़ी से मामा जी पधारे हैं। जब से आए हैं, तभी से अम्मां के साथ उनकी खुसुर-फुसुर चल रही है। लल्लन का नाम बार-बार उछल रहा है। इस

संभावित खतरे को जानकर ही शायद आनंद सुबह से गायब है। वह जानता होगा कि मामा जी खाली हाथ नहीं आए हैं, शिकायतों का एक पुलिंदा लेकर आए हैं।

प्रभा के लिए उन्होंने दो-तीन जगह बात कर रखी थी। तय करने के लिए आनंद को बुला भेजा था। वह भी बेचारा भागा-भागा गया था। पर, एक जगह भी बात नहीं बनी।

एक जगह लड़की के रंग को लेकर थोड़ी आपत्ति हो गई थी। फिर भी, उन लोगों ने कहा था कि दस-पांच हजार ज्यादा देने से बात बन जाएगी (जैसे उन रुपयों की दमक से प्रभा गोरी हो जाएगी)। उनके मुंह पर थूककर चला आया था आनंद और मामा जी बहुत बिगड़े थे। ऐसे कहीं काम चलता है, लड़की वालों को तो सब्र से ही काम लेना पड़ता है।

एक ने शर्त रखी थी कि अगर छोटे के साथ विभा की सगाई कर दी जाए तो वे बड़े के लिए प्रभा को ले लेंगे। भला इसमें बुराई क्या थी? एक साथ दोनों की बात पक्की हो रही थी, पर हजरत वहां भी ताव खा गए। एक जगह तो लड़के ने खुद ही बात की। घर में कोई था ही नहीं। छोटी-छोटी तीन लड़कियां छोड़कर पत्नी पिछले साल ही मरी थी। खाता-पीता घर था, पुश्तैनी मकान, जायदाद सब कुछ। वह तो दुहाजू था, इसलिए सस्ते में सौदा पट रहा था। पर, इन नए लड़कों को समझाए कौन? इतनी उम्र तक लड़के कहीं अनब्याहे मिलते हैं?

"मैं तो भर पाया जिया! तुम्हारी वजह से हर बार इस काम में हाथ डालता हूं। पर, इस लड़के का क्या करूं? कहीं बात जमने ही नहीं देता।"

"तो, उसे साथ लेते ही क्यों हो? उसका तो नया खून है, उबाल लेकर ही रहेगा। पर, मुझे तो लड़की के हाथ पीले करने हैं। अब तुम अपनी जिम्मेदारी पर ही कहीं बात चलाओ तो ठीक है।"

"लेकिन जिया, मैं तो सिर्फ बातचीत भर कर सकता हूं। बाकी काम तो तुम्हीं लोगों को करना है। मुझे तो लगता है, लड़का खर्च के डर से पीछे हट रहा है।"

चौकन्नी हो गई प्रभा। जानती है, मामा जी के सामने उसे अपनी शादी की चर्चा में भाग नहीं लेना चाहिए। वे इसे पसंद नहीं करेंगे। पर जो कानों से टकरा रहा है, उसे अनसुना कैसे कर दे?

"ठीक भी तो है," मामा जी कह रहे थे, "इसकी हुई नहीं कि दूसरी तैयार खड़ी है। उसकी अपनी शादी का सवाल भी पीछे लगा आता ही है।"

"खर्चे के डर से क्या लोग लड़कियों को घर में बिठा लेते हैं?"

"लड़कियां सात-आठ सौ रुपया महीना घर में लाने लगती हैं, तो बात दूसरी हो जाती है, फिर वे बोझ नहीं रहतीं।"

इसके बाद जब्त नहीं कर सकी प्रभा। तड़पकर सामने आकर खड़ी हो गई, "मामा जी, पास-पड़ोस वाले ऐसी बात कहें तो समझा भी जा सकता है। पर, आप तो घर के आदमी हैं। आप तो यह अन्याय न कीजिए।"

"मैं गलत क्या कह रहा हूं बिटिया? जिस तरह हरेक रिश्ता टूट रहा है, उसके लिए क्या जवाब है तुम्हारे पास?"

"टूटेगा तो तब, जब कहीं जुड़ा हो। यहां तो शुरू होने से पहले ही किस्सा खत्म हो जाता है।"

"और यह सब तुम्हारे भाई की वजह से होता है, समझीं? जरा-जरा सी बात पर उसका खून खौल उठता है। ऐसे कहीं शादियां तय होती हैं?"

"न सही। हम लोग शादी के लिए घिनौने समझतै नहीं कर सकते। अपनी आत्मा को औने-पौने दामों में नहीं बेच सकते। इस घर में सिर्फ आनंद ही मुझे सम्मान देता है। इसीलिए मेरा अपमान वह बरदाश्त नहीं कर सकता।"

"सुन लिया जिया! वो भाई है, ये बहन है। अब बीच वाला क्या कर लेगा, बताओ!"

"कुछ करने की जरूरत भी नहीं है मामा जी! मैंने बहुत पहले ही अम्मां से कह दिया है, मेरी शादी का खयाल छोड़ दें। मुझे अब इस रोज-रोज के तमाशे से ऊब होने लगी है।"

"और वो लड़का, जो कसम खाकर बैठा है?"

छ...न्न।

रसोई से आवाज आई तो प्रभा दौड़कर गई। देखा, विभा फर्श पर पड़े कांच के टुकड़े बीन रही है।

"लस्सी का गिलास था। चिकनाई की वजह से हाथ से छूट गया," उसने खिसियाए स्वर में कहा।

"चलता है," प्रभा ने सांत्वना दी और स्वयं भी कांच बीनने लगी। काफी ऊंचाई से गिरा था गिलास, पूरी रसोई में कांच फैल गए थे।

"क्या हुआ?" अम्मां चीख रही थीं।

"कुछ नहीं हुआ। तुम शांति से बैठी रहो। एक गिलास टूट गया है," प्रभा ने बताया।

"गिलास टूटा है? कौन सा? वह सेट वाला तो नहीं? ये विभा होगी। उसके हाथ में तो सनीचर है जैसे। जरा संभालकर काम नहीं करेगी। ससुराल जाएगी तो खूब नाम रोशन होगा मेरा।"

"अभी दस साल तक तुम्हारी बदनामी का कोई खतरा नहीं, तसल्ली रखो।"

प्रभा ने चौंककर देखा, पर विभा का चेहरा वह नहीं देख पाई।

"क्या कह रही है?" अम्मां बेसब्री से दरवाजे पर आ खड़ी हो गई थीं।

"कहेगी क्या? तुम भी तो जरा अच्छा आशीर्वाद दे दिया करो। भला ऐसे घर में वह जाएगी ही क्यों, जहां बरतन धोने पड़ें? मेरी लाड़ो तो राजरानी बनेगी," प्रभा ने दुलार बरसाते हुए कहा।

"जरूर बनेगी," विभा ने कहा और टुकड़े समेटकर उठ खड़ी हुई, "सारे राजकुमार उम्र भर मेरे दरवाजे क्यू लगाकर ही तो बैठे रहेंगे!"

प्रभा ने फिर चौंककर देखा, लेकिन विभा आंगन में चली गई थी। वहीं खड़ी होकर वह पड़ोस की भाभी से बतियाने लगी थी। और लोगों से बात करते समय तो उसके स्वर में जैसे मिश्री घुल जाती है। घर पर तो सबको काटने दौड़ती है।

क्या होता जा रहा है इसे? कुल जमा बाईस की तो अभी हुई नहीं और शादी के लिए इतनी बेताब हो रही है! या गोपाल दा कहते हैं, वही ठीक है, "प्रभा की शादी न होगी तो क्या विभा बढ़ेगी ही नहीं? आप लोग उसके बारे में कभी सोचेंगे ही नहीं?"

सचमुच इस तरह से तो उसके बारे में कभी सोचा ही नहीं। छींट वाली फ्रॉक पहनकर मोहल्ले में चिलबिल-सी घूमने वाली यह लड़की कब बड़ी हो गई, पता ही नहीं चला। पता तो तब चला, जब लोग उसका रिश्ता मांगने आने लगे। और रिश्ते भी कितने सारे! आनंद के एक डॉक्टर दोस्त ने उसका हाथ मांगा था। मौसी उसे अपनी देवरानी बनाना चाहती थीं। अन्नपूर्णा भाभी की सहेली उसे अपने भाई के लिए मांगने आई थीं। फिर गोपाल दा आए थे।

गोपाल दा वाला प्रस्ताव तो बहुत ही आकर्षक था। जिस दिन से अम्मां ने वह संदेश लौटा दिया है, विभा का रोष जैसे सौ-सौ फनों से फुफकार रहा है और सारा जहर उगला जाता है प्रभा पर!

और सिर्फ विभा की ही तो बात नहीं है। उस दिन सविता मार्केट में मिली थी तो सफाई से कन्नी काट गई। नहीं तो दीदी-दीदी कहकर लिपट ही जाती थी।

हाट-बाजार कुछ भी नहीं देखती थी। लगी-लगाई शादी टल जाने का दोष उसने प्रभा के ही सिर मढ़ा होगा, जाहिर है।

कविता की शादी धूमधाम से हो गई। स्कूल में सभी के नाम काड्र्स आए थे। कविता इसी स्कूल की छात्रा थी। बोर्ड की परीक्षा में वह मेरिट में आई थी। उसकी फोटो प्रिंसिपल के कमरे में लगी हुई है। उसने याद से अपनी सारी अध्यापिकाओं को निमंत्रण भेजा था, एक प्रभा को छोड़कर। प्रभा ने यह सोचकर संतोष कर लिया था कि घर पर तो बाकायदा निमंत्रण आएगा ही।

पर न राय साहब आए, न कार्ड ही पहुंचा। आखिर प्रभा से नहीं रहा गया। आनंद से पूछ ही लिया। बोला, "मैंने ही मना कर दिया था। अम्मां का दिमाग आजकल ठीक नहीं है। अपने घर किसी का अपमान हो, मुझे अच्छा नहीं लगता। अम्मां से छुपाकर वहां जाने की मेरी भी इच्छा नहीं थी, पर..."

चुप हो गया आनंद। पर, उसके बिना कहे भी प्रभा उसके मन की बात समझती है। वह अम्मां से उलझना नहीं चाहता। पर, सविता, कविता को भी नाराज नहीं कर सकता। कैसी उलझन में फंस गया है बेचारा! हंसना तो जैसे आजकल भूल ही गया है। बात भी करता है तो बस जरूरत भर की। जितनी देर घर में रहता है बुझा-बुझा सा रहता है।

और सिर्फ आनंद ने ही क्यों, पूरे घर ने ही जैसे उदासी की एक चादर ओढ़ ली है। अभावों में भी चहकने वाला यह परिवार एकदम खामोश हो गया है। हैरत तो तब होती है, जब अम्मां सारी स्थिति के लिए उसे ही कोसने लगती हैं। उसके त्याग और तपस्या की गाथा तब वे भूल जाती हैं।

परेशान है प्रभा। क्या करे? कहां जाए? कितनी बार मन होता है कि कुछ खाकर सो रहे! पटरी पर लेट जाए या तालाब में छलांग लगा दे!

पर बिनब्याही लड़कियों का मरना भी तो निरापद नहीं होता। सौ तरह की बातें गढ़ लेते हैं लोग। ऐसी छीछालेदर होगी कि परिवार जिंदगी भर उससे उबर नहीं पाएगा। यानी कि मरने के बाद भी वह इन लोगों का तिरस्कार-भर्त्सना झेलती रहेगी।

इतनी असहाय हो उठती है वह कभी-कभी। बाबू जी की अकालमृत्यु के बाद उतनी कच्ची उम्र में उसने पूरे परिवार का बोझ उठा लिया था। तब भी इतनी हताश नहीं हुई थी वह। पर अब तो जैसे अपना अस्तित्व ही भार लग उठा है।

"दीदी! ओ दीदी!"

विभा बाथरूम के दरवाजे पर दस्तक दिए जा रही थी।

"क्या है?" नल बंद कर प्रभा ने शंकित स्वर में पूछा। कहीं अम्मां को फिर से चक्कर तो नहीं आ गए, उसे डर हो गया।

"उसका नाम क्या है, दीदी?" विभा पूछ रही थी, "गोपाल दा की फियांसी का, मेरा मतलब है, भूतपूर्व प्रेमिका का..."

"उषाकिरण। क्यों?"

"उसकी फोटो आई है पेपर में। कित्ती मोटी हो गई है, देखो तो!"

"किसलिए आई है फोटो?" प्रभा पूछती ही रह गई, पर तब तक विभा ड्राइंगरूम में पहुंच चुकी थी।

इतनी कोफ्त हुई उसे और हंसी भी आई। क्या यह ऐसी जरूरी बात थी कि नहाने तक इंतजार नहीं किया जा सकता था? पर विभा है ही ऐसी। धीरज शब्द तो जैसे उसके शब्दकोश में ही नहीं है।

थोड़ा अच्छा भी लगा। कितने अरसे बाद विभा ने पुराने लाड़ भरे अंदाज में उसे पुकारा था।

उत्सुकता तो उसे भी थी ही। किसी तरह चटपट नहाकर बाहर आई और विभा के हाथ से पेपर झटक ही लिया। हां, वही तो थी उषा, नए जिलाधीश की पत्नी। बड़ी गौरवशाली मुद्रा में खिलाड़ियों को पुरस्कार बांट रही थी।

"गोरी भैंस!" विभा ने कहा और मुंह बिचका दिया।

"अरे, अरे, ऐसा नहीं कहते। जानती हो, अपने जमाने में कॉलेज की 'ब्यूटी क्वीन' हुआ करती थी!"

"होगी। मन तो एकदम काला है।"

प्रभा ने बहन की ओर देखा, नफरत जैसे उसके चेहरे पर पुत गई थी। एकदम पारदर्शी चेहरा है विभा का। राग-द्वेष कुछ भी छिपा नहीं रहता।

गोपाल दा पर उसकी विशेष आस्था है, भक्ति है। उनके प्रति किसी अन्याय को वह बरदाश्त नहीं कर सकती। क्षमा करने का तो प्रश्न ही नहीं उठता। वैसे उषा को क्षमा तो किसी ने भी नहीं किया था। चार साल तक प्रणय के गीत गाने के बाद कितनी आसानी से उसने अपना सुर बदल लिया था।

दुर्घटनाएं तो रोज ही होती हैं। अखबार में या रेडियो पर खबर सुन लेने भर का रिश्ता होता है उनसे। मन में थोड़ी सी करुणा, व्यवस्था के प्रति आक्रोश जगता है बस। पर एक दुर्घटना किसी का जीवन ही बदल सकती है, यह तो उसी समय पता चला।

कैसी भयावह रेल-दुर्घटना थी वह! अखबार में फोटो देखकर ही मन कांप उठा था। अखबारी और सरकारी आंकड़ों का तालमेल बिठाने के बाद ही हताहतों की संख्या 90 से ऊपर पहुंचती थी। गोपाल दा भी उसी ट्रेन में सफर कर रहे थे, यह सोचकर ही कलेजा मुंह को आता था। बाद में जब उनका नाम घायलों की सूची में निकला तो सबने राहत की सांस ली थी।

गोपाल दा बच गए थे। पर उस समय उन्हें देखकर लगा, इस जीवन से तो मौत ही अच्छी थी। कम से कम इस मानसिक और शारीरिक यंत्रणा से तो बच जाते। पूरे छह घंटे मलबे के नीचे दबे रहने के कारण एक पांव संज्ञाशून्य हो चुका था। दायां जबड़ा एक ओर झूल गया था। माथा बुरी तरह झुलस गया था। पहली बार जब उन्हें अस्पताल में देखा था तो रोंगटे खड़े हो गए थे। कहां थे वे हंसमुख गोपाल दा! यहां तो पट्टियों से जकड़ा हुआ एक असहाय मानव शरीर था!

घाव बहुत धीरे-धीरे भर पाए थे। चेहरे पर छोटी सी प्लास्टिक सर्जरी भी करवानी पड़ी थी। पांव लेकिन ठीक नहीं हो सका। घुटनों से नीचे तक का भाग संज्ञाशून्य ही बना रहा। एकदम साबुत था, इसलिए काटकर अलग भी नहीं किया जा सकता था।

शरीर के घाव तो किसी तरह भर भी गए थे, पर मन के घाव भरने में शायद बरसों लगे होंगे। उषाकिरण केवल एक बार उन्हें देखने आई थी। उसके बाद उसका पता ही नहीं चला।

पूरी तरह स्वस्थ होने में उन्हें दो वर्ष लगे। इतने लंबे अंतराल के बावजूद उनके बैंक ने उन्हें काम पर फिर से ले लिया—यथासंभव सारी सुविधाएं भी दीं। इन काले दिनों में जिस-जिसने उनका साथ निभाया, उन्होंने भरसक उसका प्रतिदान दिया। साये की तरह साथ रहने वाले मौसी के लड़के को इंजीनियर बनाया। दिन-रात तीमारदारी करने वाले रामचरण की बेटी के विवाह का पूरा खर्च उन्होंने वहन किया। आनंद की मेडिकल की पढ़ाई अर्थाभाव के कारण एक दिन भी रुकने नहीं दी। प्रभा जब तक व्यवस्था कर पाती, तब तक फीस का, पुस्तकों का प्रबंध हो जाता।

तब से उन्हें यही शौक हो गया था। गरीब रिश्तेदारों के बच्चों को ले आते, उनकी पढ़ाई का, खाने-पीने का पूरा खर्च उठाते। घर क्या था, अच्छा-खासा होस्टल बन गया था। रामचरण पूरी कमान संभाले रहता। उनकी माता जी दो-चार बार आईं भी तो इस गुलगपाड़े से ऊबकर वापस गांव चली गईं। गोपाल दा

भी उन्हें रोकने का उपक्रम नहीं करते। जब तक रहतीं, शादी की रट लगाए रहतीं।

"दीदी!"

"क्या?"

"इसी शहर में उसका होना गोपाल दा को कैसा लगता होगा?"

विभा का युवा, भावुक मन बार-बार यही सोचकर परेशान हुआ जा रहा था। बात बदलने की गरज से प्रभा ने पूछ लिया, "बहुत दिन से इधर आए नहीं गोपाल दा!"

"उन पर बैन लग गया है।"

"क्यों?"

"उनके आने से मेरा दिमाग जो खराब हो जाता है।" प्रभा ने देखा, विभा का चेहरा फिर तनने लगा है। सुबह वाली लाड़ भरी, दुलार भरी मुद्रा फिर लुप्त हो गई है।

लेकिन प्रभा को गुस्सा नहीं आया बल्कि दया हो गई। कितनी जरा सी तो है बेचारी। घर के इस अनिश्चय भरे वातावरण में अपना संतुलन खो बैठती है तो क्या गलत है! वह साफ देख रही है कि घर में उसके लिए कोई चिंतित नहीं है। शायद यही उपेक्षा उसके लिए असुरक्षा बन गई है। वह मन ही मन जरूर सोचती होगी कि जब तक लोग उसके बारे में सोचना शुरू करेंगे, वह दीदी की तरह बुढ़ा चुकी होगी।

निराशा, बस निराशा के अलावा कुछ नहीं।

वह स्कूल से सीधे गोपाल दा के घर पहुंच गई थी।

तब तक गोपाल दा बैंक से लौटे भी नहीं थे। घर पर रामचरण था और दिनेश–गोपाल दा की बुआ का लड़का। उसकी एम. ए. की कक्षाएं सुबह होती थीं, इसीलिए घर पर मिल गया।

दोनों ही उसे जानते थे। इसलिए आदर के साथ उसे बिठाया गया, चाय-वाय भी पिलाई गई। दिनेश उसके पास बैठकर इधर-उधर की बातें करता रहा।

"दीदी," छह बजते ही वह उठ खड़ा हुआ और क्षमा-याचना के स्वर में बोला, "एक कोचिंग क्लास ज्वाइन कर रखी है।"

"कम्पीटीशन में बैठ रहे हो?"

"जी।"

"तो फिर बढ़ लो। मेरी परवाह मत करो। मेरे लिए ये पत्रिकाए काफी हैं।"

पत्रिकाओं का तो बहाना था, दिनेश के जाते ही उसने लोकल पेपर उठा लिया। अंतिम पृष्ठ पर श्रीमती जिलाधीश यहां भी विराजमान थीं। वह मुग्ध होकर उस चित्र को देखती रह गई। सच, सौंदर्य भी एक वरदान है। ईश्वर ने उसके साथ इतनी कृपणता क्यों की? आनंद और विभा को तो मां का रंग भी मिला है और रूप भी। वह अभागी बाबू जी पर गई है। और बचपन में सब कहते थे, पितृमुखी कन्या बड़ी भाग्यशालिनी होती है।

"हलो प्रभा! कब आईं!"

वह चौंक पड़ी, "अरे, आप कब आए? पता ही नहीं चला।"

"चलता कैसे? तुम पेपर पढ़ने में तल्लीन थीं।"

वह ऐसे सकपकाई, जैसे चोरी पकड़ी गई हो। चुपचाप पेपर नीचे खिसका दिया। गोपाल दा ने जैसे देखकर भी अनदेखा कर दिया और फ्रेश होने चले गए।

प्रभा यत्नपूर्वक दीवार पर लगी पेंटिंग्स देखती रही। इतने समर्थ व्यक्ति का इस तरह घिसटकर चलना उससे देखा नहीं जाता था।

थोड़ी देर बाद वे सफेद, बुर्राक कुर्ता-पाजामा पहनकर आ गए और उसके सामने बैठते हुए बोले, "हां, तो अब कहिए देवी जी! गरीबखाने पर कैसे तशरीफ लाना हुआ?"

"ऐसे ही।"

"बनो मत। सीधे-सीधे यह बात बता दो कि यह खादिम क्या सेवा कर सकता है?"

हंस दी प्रभा, "आपसे जीतना आसान थोड़े ही है। अच्छा, यह बताइए, आपके पड़ोस में विभा लेक्चरर रहती हैं न?"

"हां, क्यों?"

"उनसे भेंट करवा सकेंगे?"

"जरूर करवा देता, पर वे इन दिनों यहां नहीं हैं। भाई की शादी में गई हुई हैं।"

"इतनी जल्दी!" प्रभा ने अस्फुट स्वर में कहा।

"इतनी जल्दी से क्या मतलब? मैडम, ऐसे लड़के ज्यादा दिन ठहरते थोड़े ही हैं! माल मार्केट में आता भी नहीं और हॉट केक की तरह बिक जाता है।"

"और कोई लड़का नहीं आपकी नजर में?"

"था। दिनेश का ही बड़ा भाई था। मैकेनिकल इंजीनियर है, वोल्टाज में चौदह सौ पा रहा है। पर, चाची इस बुरी तरह बिगड़ी कि फिर मैंने बात ही नहीं उठाई। आज-कल में उसकी भी सगाई की ख़बर आ ही जाएगी।"

"अम्मां तो पागल हो गई हैं आजकल।"

"पर, मैं तो पागल नहीं हूं न! उस दिन से मैंने उधर का रुख ही नहीं किया।"

"आप अम्मां की बात पर न जाइए, प्लीज! कोई अच्छा सा लड़का हो तो मुझे बताइएगा। विभा की शादी अब और टालना ठीक नहीं है।"

"खैर, यह बताओ, आनंद का क्या चक्कर है? राय साहब मिले थे उस दिन, बहुत परेशान थे। बोले, 'मैं हार्ट पेशेंट हूं, ज्यादा वेट नहीं कर सकता। किसी दिन ताव आ गया तो लड़के को किडनैप कर लूंगा और मंदिर में फेरे पड़वा दूंगा। इन दोनों ने समझ क्या रखा है?' "

भीतर तक कांप गई प्रभा। यह विषय क्या कभी उसका पीछा नहीं छोड़ेगा। गोपाल दा आनंद की कसम के बारे में जानते हैं। क्या वे भी प्रभा को ही दोषी ठहराएंगे?

रामचरण ने उसे उबार लिया। गरमागरम चाय और ढेर सारा नाश्ता सजाकर ले आया—आलू की पकौड़ी, चिप्स, बिस्कुट।

"मैं दिनेश के साथ पी चुकी हूं।"

"एक कप हमारे साथ भी पी लो। जरा रामचरण के हाथ की पकौड़ियां तो खाकर देखो।"

"आपका रामचरण तो एकदम आदर्श गृहिणी की भूमिका निभा रहा है। आते ही चाय, गरमागरम नाश्ता तैयार मिलता है।"

हंस रहे थे गोपाल दा। ऐसी हंसी, जिसे सुनकर रुलाई आ जाए। उषा का लावण्य से दमकता चित्र उसकी आंखों के सामने घूम आया और हठात् ही वह कह बैठी, "आज उषा जी का फोटो आया है पेपर में।"

"हां, देखा था सुबह।"

"विभा कह रही थी..."

"क्या?"

"आपको कैसा लगता होगा?"

"क्या लगना है और कब तक! एक ही शहर में रहकर कब तक बचा जा सकता है? हजार बार एक-दूसरे से टकराएंगे। और फोटो तो शायद उसकी हर

दूसरे-चौथे दिन आया ही करेगी। ...प्रेस वालों का सौंदर्यबोध बहुत उच्चकोटि का होता है।"

"आप तो कितने मजे से कह रहे हैं ये सब! सुबह जरा विभा का गुस्सा देखते! इतना बक रही थी..."

"पागल है वह। भला गुस्सा करने जैसा इसमें क्या है?"

"कुछ नहीं है?"

"देखो प्रभा, खंडित मूर्ति की पूजा का विधान तो हमारे शास्त्रों में भी नहीं है। फिर उषा को ही दोष क्यों दे हम?"

"लेकिन...लेकिन यही एक्सीडेंट शादी के बाद भी तो हो सकता था!"

"मैं बार-बार ईश्वर को धन्यवाद देता हूं प्रभा! जो कुछ भी हुआ, बहुत अच्छा हुआ। यही सब अगर शादी के बाद घटित होता तो उसकी नजरों में तैरती घृणा, उपेक्षा मैं कभी बरदाश्त नहीं कर पाता।"

"क्या सचमुच कभी कुछ फील नहीं होता?"

"होता था। बहुत फील होता था कभी। पर अब मैं पत्थर बन गया हूं। जीवन के उस अध्याय को मैंने फाड़कर गुड़ीमुड़ी करके फेंक दिया है। अब चैन ही चैन है। ठाठ से नौकरी करता हूं। सुबह-शाम इन लड़कों से हंस-बोल लेता हूं। रात घंटे-दो घंटे क्लब में बैठ लेता हूं। अच्छी कट रही है। दाल-रोटी के लायक कमा लेता हूं।"

कुछ क्षण कमरा नीरवता में डूबा रहा।

"गोपाल दा!"

"बोलो!"

"एक प्रार्थना सुनेंगे?"

"कहो।"

"आपको तो किसी चीज की जरूरत नहीं है गोपाल दा! पर मुझे है। मुझे एक घर चाहिए गोपाल दा! सर छुपाने के लिए थोड़ी सी जगह चाहिए। क्या आपके घर में थोड़ा सा स्थान निकल सकेगा? बोलिए, रामचरण का हाथ बंटाती हुई आपके चरणों में पड़ी रहूंगी उम्र भर।"

"लड़की! पागल तो नहीं हो गई है? ये तो मैंने कभी स्वप्न में भी नहीं सोचा!"

आवेश में बही जा रही थी प्रभा। उनकी बातों से जैसे जमीन पर आ गिरी। हे ईश्वर! ये क्या कह गई मैं? उसने दोनों हाथों से अपना चेहरा छिपा लिया।

"प्रभा! इधर देखो प्रभा!"

उसने सिर नहीं उठाया।

"प्रभा!"

इस बार आवाज इतने निकट से आई थी कि उसे देखना ही पड़ा। वे बिलकुल उसके सामने आ खड़े थे।

"मैं जानता हूं प्रभा, तुम बहुत परेशान हो। कोई बहुत बड़ी मजबूरी होगी, जो तुमसे इतनी बड़ी बात कहलवा गई है। लेकिन विश्वास रखो, तुम्हें कोई शर्मिंदगी नहीं उठानी पड़ेगी। भूलने की आदत है मुझे, इसे भी भूल जाऊंगा। लेकिन यदि यह बात तुम्हारे हृदय से उठी थी, यह आवाज तुम्हारे अंतर्मन की आवाज थी, तो मुझे बताओ। मैं उस बात को व्यर्थ नहीं होने दूंगा। उन पावन वचनों का निरादर नहीं करूंगा। लेकिन, पहले मैं सत्य जानना चाहता हूं। बोलो प्रभा, जवाब दो।"

बौरा गए हैं गोपाल दा! इतनी बड़ी बात क्या यूं बार-बार कही जाती है!

क्षमा

''वंदना आ गई है,'' चाय देते भाभी ने बतलाया। मैं पहले वाली सीमा होती तो कप वैसा ही छोड़कर सामने वाले घर की ओर भाग लेती, लेकिन बीते हुए दिन अपने साथ मेरी बहुत सी अच्छी-बुरी आदतें लेते गए थे। यह भी उन्हीं में से एक थी।

मैं इत्मीनान से चाय-नाश्ता करती रही और दीदी के गोल-मटोल बच्चों का बखान सुनती रही। पहले की सी उत्सुकता भी नहीं थी मन में कि उन्हें एक बार देख आऊं। वंदना दी के बड़े वाले पप्पू को तो मैं दिन भर चिपकाए घूमती रहती थी। अब पता नहीं मन कैसा पत्थर हो गया है।

चाय पीकर मैं उठी तो सीधे बाथरूम की राह ली। ठंडे पानी के छींटे दे-देकर देर तक चेहरे की मुर्दनी दूर भगाती रही। जब कुछ ताजगी का अनुभव हुआ तो मैंने बाहर कंघी की, हलका सा मेकअप किया और दिन भर की कुचली हुई साड़ी बदल डाली। पैरों में चप्पल डाल रही थी कि मां ने पूछ लिया, "वंदना के यहां जा रही है?" मैंने जवाब नहीं दिया। दिन भर स्कूल में मगजमारी करने के बाद घर वालों से उलझने की सामर्थ्य नहीं रहती मुझमें। मां दुबारा कुछ पूछे, इससे पहले ही मैं बाहर निकल गई। इतनी तेज रफ्तार से मैंने गली पार की कि सड़क पर पहुंचने तक हांफने लगी थी मैं। डर मां का नहीं था, दीदी का था। वे अगर देख लेतीं तो हाथ पकड़कर रोक ही लेतीं। उनसे जान छुड़ाना मुश्किल था। उनके स्नेह का अधिकार ही था ऐसा। एक बार पकड़ लेंगी तो फिर बिठा ही लेंगी। ढेर सारी इधर-उधर की बातें करेंगी और बस-घूम-फिरकर उसी विषय पर आ जाएंगी।

दीदी ही क्यों, आजकल किसी भी परिचित के सामने पड़ते मुझे डर लगता है। शादी-ब्याह में तो मैंने जाना ही छोड़ दिया है। थोड़ी देर तक तो इधर-उधर की बातें होती रहेंगी और फिर शुभचिंतक के अंदाज में वही एक प्रश्न पूछ लेंगे-तेरी बात कहीं पक्की हुई कि नहीं?

इतना गुस्सा आता है तब। खूब जानते हैं ये लोग कि यह प्रश्न पुराने घावों को हरा कर देता है, लेकिन वे तो पूछकर ही मानेंगे।

लेकिन दीदी तो समझदार हैं, उन्हें तो सारा इतिहास मालूम है। फिर वे क्यों उठाती हैं यह बात? शायद उनका स्नेह ही उनसे यह सब कहलवाता हो। पर मैं तो तिलमिला जाती हूं। इच्छा होती है, चीखकर कह दूं–आपकी अपनी शादी तो हो गई है न! फिर अपना घर-बार संभालिए, बच्चे पालिए और चुप रहिए। दूसरों की चिंता आपको क्यों है? क्यों मेरी दुखती रग छूती हैं बार-बार?

दीदी शायद सचमुच शुभचिंतक हैं मेरी। कई बार अच्छे रिश्ते भी लाई हैं मेरे लिए। लेकिन मेरा भाग्य हर बार उनके प्रयासों को मिट्टी कर देता है। पिछली बार भी दीदी ने पत्र में लिखा था–'सीमा, तेरे लिए एक बहुत अच्छी बात मन में आई है, लेकिन पत्र में लिखने का साहस नहीं हो रहा। पता नहीं तू क्या सोच बैठे। अगली बार आऊंगी तब बताऊंगी।'

मन में उत्सुकता थी, डर भी था कि दीदी पता नहीं क्या कहने वाली हैं। मैं अपने विचारों से जूझती हुई फूलबाग तक चली गई। घूम-घामकर लौटी तो शाम हो चली थी। अम्मा दरवाजे में ही बैठी मिलीं।

"कहां चली गई थी तू? वंदना कब से बैठी थी। अभी-अभी तो उठकर गई है।"

"लाइब्रेरी तक चली गई थी," मैंने सूखा सा जवाब दिया।

"वंदना आई है? कब?" भैया ने पूछा। वे शायद अभी-अभी बैंक से लौटे थे और जूते खोल रहे थे।

"आज दोपहर ही तो आई है पंजाब मेल से," भाभी ने चाय लगाते हुए कहा, "अभी यहां भी होकर गई है। पता है क्या कह रही थी..." भाभी ने कुछ कहना चाहा पर मां की ओर देखकर चुप रह गई। दरअसल मां का पुराना सिद्धांत है–दफ्तर से लौटे हुए व्यक्ति को तुरंत ही सब कुछ मत बताओ। एकाध कप चाय उसके पेट में जाने दो, गरमागरम जो बन सके, वह उसके सामने रखो। फिर उसके मूड का अंदाज लेते हुए ही मुंह खोलो। मां की ट्रेनिंग में रहते-रहते इतने साल हो गए है, भाभी भी इशारे को तुरंत समझ जाती है।

मुझे उत्सुकता बनी रही, लेकिन उस दिन फिर कोई बात ही नहीं हो पाई।

दूसरे दिन इतवार था और मेरे पास व्यस्तता का कोई बहाना ही नहीं था। मजबूर होकर मुझे दीदी के पास जाना ही पड़ा। ऊपर जाते हुए सोचा, बचपन में कितनी-कितनी बार इन सीढ़ियों से चढ़ी-उतरी हूं। कितनी बार मां की डांट खाई है इसके लिए। लेकिन अब जैसे पांवों में पत्थर बंधे हुए थे।

"आइए जनाब! आप तो ऐसी बिजी हो गई हैं कि कल से शक्ल ही नहीं दिखाई दी," दीदी ने स्वागत किया।

उनके उलाहनों का मैंने कोई जवाब नहीं दिया और टुकुर-टुकुर ताकती दोनों लड़कियों को गोद में उठा लिया। साल भर में वे दोनों खूब बड़ी सी हो गई थीं और शायद मुझे भूल भी गई थीं।

"और सुनाओ, क्या हाल है?" दीदी ने पूछा और हमारी बातचीत शुरू हो गई, पर उसमें पहले की सी रवानी नहीं थी। जैसे चुन-चुनकर हम लोग बातें उठा रहे थे। पहले तो हम लोग घंटों बातें करते थे और समाप्त नहीं होती थीं। वे मुझसे चार-पांच साल बड़ी थीं। लेकिन पास-पड़ोस में और कोई न होने के कारण हम लोगों में खूब घुटती थी। उनकी शादी में मैं इतना रोई थी कि देखने वालों को ताज्जुब आ गया था। मां ने तो कहा था, 'तेरे कोई देवर नहीं है वन्दू! इसे भी अपने घर में बुला ले!'

सब लोग हंस दिए थे। हंसने की बात ही थी। इतनी कट्टर ब्राह्मणी हैं मां, भला कायस्थों के यहां मुझे ब्याहतीं!

बोलने का काम दीदी ही कर रही थीं, मैं तो श्रोता की भूमिका निभा रही थी। कहने के लिए उनके पास सैकड़ों बातें थीं, घर की, बच्चों की, बच्चों के पिता की। मेरे पास क्या था!

"इस बार सीमा, मैं तेरे लिए लश्कर आई हूं, नहीं तो इस गर्मी में मुझे कोई भेज भी नहीं रहा था।"

"दिल्ली कोई हिल स्टेशन तो नहीं है," मैंने ताव खाकर कहा। उनके स्वर में जो एक दर्प होता है, वह मुझसे सहा नहीं जाता।

"दिल्ली तो हिल स्टेशन नहीं है, लेकिन मसूरी तो है। और हमारा मसूरी जाने का प्रोग्राम था। होटल में कमरा तक बुक करवा लिया था। लेकिन तेरी वजह से मैं यहां दौड़ी आई हूं। तेरे जीजा जी तो इतने नाराज हो रहे थे।"

"मुझ पर यह मेहरबानी किसलिए?" मैंने कसैले स्वर में पूछा।

"क्या चाची ने तुम्हें कुछ नहीं बताया?"

"मां ने? नहीं तो।"

दीदी कुछ क्षण चुप रहीं, शायद शब्द जुटा रही थीं। वे इतनी देर से बात कर रही थीं, तब भी मेरे मन में यही था कि वे बस भूमिका बांध रही हैं किसी खास बात को कहने के लिए। और वह बात अब कहने ही जा रही थीं।

"सीमा! मैं अविनाश का संदेश लेकर आई हूं," दीदी की यह बात इतनी अप्रत्याशित थी कि एकबारगी मैं चौंक पड़ी।

"दीदी, कुछ और बात कीजिए," मैंने सख्ती से कहा।

"नहीं सीमा, तुझे ये बात सुननी ही पड़ेगी। एक बार सुन ले, फिर जो तेरा जी चाहे वही करना," उन्होंने कसकर मेरा हाथ पकड़ते हुए कहा। पत्थर की मूर्ति सी मैं वहां बैठी रही। जितनी देर वह बोलती रहीं, मैंने एक बार भी सिर नहीं उठाया और नीचे उतरी तो इसी निश्चय के साथ कि दुबारा इस घर की सीढ़ियां नहीं चढ़ूंगी। अपमान की आग में मेरा पूरा शरीर जल रहा था।

अविनाश का संदेश लाई हैं। हुं...

कितने तिरस्कार से यह नाम लिया मैंने, पर आंखों के सामने वही हंसता-मुस्कराता चेहरा घूम गया। आंखों का भी क्या दोष था! जैसी छवि मन में बसी हुई थी, वही तो दिखेगी।

उन दिनों आठों पहर इसी मूर्ति के ध्यान में खोई रहती थी मैं। घर-बाहर इस बात को लेकर कोई छेड़ता भी था तो मन में गुदगुदी-सी होती। जमीन पर पांव नहीं पड़ते थे मेरे। सारा संसार ही किसी रंगीन सपने-सा लग उठा था।

और नियति ने कितनी निर्ममता से मुझे धरती पर ला खड़ा किया था।

शादी के पंद्रह-बीस दिन रह गए थे। घर में अजीब गहमागहमी थी। मामा जी मामी को छोड़ने के लिए आए हुए थे। रविवार का दिन होने से मुरार से फूफा जी भी आ गए थे। भैया को सलाह-मशविरा देने वे अकसर आ जाया करते थे। सब लोग बाहर वाले कमरे में बैठकर गपशप कर ही रहे थे कि एक टैक्सी दरवाजे के सामने आ रुकी। मैंने जो मेहमानों पर नजर डाली तो सीधे अंदर की राह ली। अविनाश की दीदी और जीजा जी थे, साथ में और भी एक महिला थी।

घर में जैसे भगदड़-सी मच गई। माननीय अतिथियों के स्वागत-सत्कार का आयोजन होने लगा। तभी दीदी ने धीरे से बात उठाई—हमें पता चला है कि लड़की की पीठ पर सफ़ेद सा दाग है। हमारे साथ ये लेडी डॉक्टर आई हैं। ये सब देख लें तो हमें तसल्ली हो जाएगी।

बात सुनते ही हम लोगों को तो सांप सूंघ गया। दाग़ तो सचमुच मेरी पीठ पर है। छह-सात वर्ष की थी तब दीवाली में पटाखे से जल गई थी।

पर क्या ये लोग आश्वस्त हो पाएंगे, उन्हें विश्वास हो सकेगा?

सच तो यह है कि इतना सोच-विचार किसी ने किया भी नहीं। मामा जी तो बात सुनते ही उबल पड़े और वाही-तबाही बकने लगे। फूफा जी ने गंभीर लेकिन स्पष्ट शब्दों में उन्हें समझा दिया कि कन्यापक्ष होने का यह मतलब नहीं है कि अपमानित करने पर उतर आए। भैया मिठाई लेने बाजार दौड़ गए थे। लौटकर आए तो इस हंगामे को देखकर वे भी बौखला गए। मां बेचारी बीच-बचाव करती रहीं, लेकिन बात बिगड़ती ही चली गई।

सपनों का रंगमहल क्षण भर में धराशायी हो गया।

और अब फिर उनका प्रस्ताव आया है क्योंकि साल भर पहले उनकी पत्नी तीन साल की बेटी को छोड़कर स्वर्ग सिधार गई हैं। और वंदना दी इस रिश्ते की पैरवी कर रही हैं क्योंकि वे उनके नए पड़ोसी हैं।

रात पिंटू और निम्मी के सो जाने पर मां ने भैया के सामने यह बात उठाई। बुरा सा मुंह बनाए भैया सब कुछ सुनते चले गए, बोले कुछ नहीं।

"लड़के का कुछ दोष नहीं रे," मां ने जैसे बात पर अपनी मुहर लगाते हुए कहा, "वंदना बतला रही थी कि वह तो तब तक छुट्टी लेकर घर पहुंचा ही नहीं था। सारा किस्सा तो उसे घर जाकर मालूम हुआ।"

"तो बाद में ही उसने क्या कर लिया। दो लाइन की चिट्ठी तक तो लिखी नहीं गई उससे," भैया ने रुखाई से कहा।

"वह चिट्ठी क्यों लिखने लगा। माफी तो हम लोगों को मांगनी चाहिए थी। उस दिन क्या-क्या नहीं कह डाला तेरे मामा ने। बुढ़िया रोकती रह गई, पर वे दोनों तो जैसे डंड पेलकर अखाड़े में उतर आए थे। लड़की वालों को इतने तेवर शोभा देते हैं कहीं!"

भैया कुछ नहीं बोले। शायद उन्हें भी सारा किस्सा याद आ गया था। अच्छा-खासा नाटक ही हो गया उस दिन। बाद में सबने कहा, इतने हंगामे की जरूरत नहीं थी। डॉक्टर देख लेती, चुपचाप चली जाती। न होती शादी, पर गली-मोहल्ले में, जात-बिरादरी में बात न फैलती।

और सचमुच बात ऐसी फैली कि आज तक कहीं रिश्ता तय नहीं हो पाया है। कौन जानबूझकर आग में हाथ देता है। इन पांच सालों में भैया सूखकर आधे रह गए हैं। कितनी दौड़-धूप कर रहे हैं कि मां के रहते मुझे ठिकाने लगा दें, पर कहां कुछ हो पाता है!

समय काटने के लिए मैंने छोटी-मोटी नौकरी कर ली है तो पास-पड़ोस

वाले ताने देते हैं कि बहन की कमाई का लालच है–तभी तो रिश्ता तय नहीं हो पाता कहीं। भैया-भाभी की असहायता ऐसे समय आंखों में आंसू ला देती है।

और अब अविनाश की ओर से फिर प्रस्ताव आया है। मां ने बड़े उत्साह के साथ यह बात घर में उठाई थी। पर भैया का रुख देखकर दुबारा कुछ कहने का साहस न बटोर सकीं। मई की उस गर्मी में ग्वालियर भट्ठी की तरह तप रहा था और एक भट्ठी मेरे अंदर जल रही थी। और इस दोहरी आग में मैं राख हुई जा रही थी।

पंद्रह–बीस दिन तक गर्मी की अनवरत शिकायतें करने के बाद वंदना दीदी ने जाने का दिन निश्चित कर ही लिया। हमेशा की तरह मां ने एक दिन पहले उन्हें खाने पर बुला लिया था। हमेशा की तरह उस दिन भी वे खूब बन-ठनकर आई थीं और बाहर वाले कमरे में बैठी मां और भैया से बतिया रही थीं। मैं भीतर रसोई में बैठी भाभी का हाथ बंटा रही थी। दीदी की बड़ी-बड़ी बातें सुनने की अपेक्षा मुझे तपती हुई रसोई में बैठना मंजूर था। बातें तो खैर यहां तक भी सुनाई दे रही थीं।

"कुछ लोग होते ही किस्मत वाले हैं," भाभी ने लंबी सांस के साथ कहा।

"क्यों, क्या हुआ?"

"वंदना को देखो न। रूप, विद्या, पैसा ईश्वर ने सब कुछ जैसे हाथ खोलकर दिया है।"

सुनकर मुझे आश्चर्य नहीं हुआ। वंदना दी को देखकर भाभी के मन में हमेशा यही प्रतिक्रिया होती थी। हमउम्र थीं दोनों। शादी भी लगभग साथ ही हुई थी। शादी के समय भाभी दीदी से भी सुंदर लगती थीं। पर इनकी सारी रौनक अब पता नहीं कहां खो गई है। भैया की इतनी अच्छी नौकरी है, पर कभी मन भरकर पहन-ओढ़ भी नहीं सकीं। मैं, मां और विकास तीन प्राणियों का बोझ जो है उन पर। इस साल विकास डॉक्टर हो जाएगा, तभी कुछ राहत मिलेगी। उसे कहीं नौकरी लग जाएगी तो मां से कहूंगी, कुछ दिन अब उसके पास जाकर रहो। कुछ दिन तक भैया को अपने परिवार के साथ अकेले रहने का सुख दो।

लेकिन मैं! मैं जो एक फालतू सामान की तरह घर में पड़ी हूं, मैं कहां जाऊंगी? मेरे लिए तो कोई पर्याय ही नहीं है।

लगा कि रसोई में मेरा दम घुट जाएगा और मैं बाहर आकर बैठ गई।

मुझे देखते ही जैसे दीदी को याद आ गया, "फिर आपने क्या तय किया बड़े भैया?"

भैया कुछ देर तक दीदी की ओर देखते रहे। फिर जैसे उनकी समझ में सब कुछ आ गया। उनका चेहरा तन गया। बड़े ही रूखे अंदाज में बोले, "उन लोगों से कह देना वंदना कि अभी मैं इतना गया-गुजरा नहीं हूं। दुनिया में और भी लड़के हैं और मैं ढूंढ़ने की सामर्थ्य रखता हूं।"

(लड़के तो बहुत हैं दुनिया में, पर वे मेरे लिए कहां हैं?) भैया का यह खोखला आश्वासन मुझे भीतर तक कुरेद गया। मुझसे सिर्फ पांच साल बड़े भैया मेरे लिए लड़का खोजते-खोजते बुढ़ा गए हैं। इस चिंता ने जैसे उनके जीवन का सारा रस ही सोख लिया है। दीदी यह जवाब लेकर कल चली जाएंगी। फिर शुरू हो जाएगी यही खोज, यही आशंकाएं, वही अस्वीकृतियां।

दीदी जाने को हुईं तो पता नहीं कहां से हिम्मत बटोरकर मैंने उनके सामने खड़े होकर कहा, "दीदी! अब मेरी वह छुईमुई उम्र तो रही नहीं कि शादी की बात घर वाले ही तय करेंगे। आप मेरे लिए प्रस्ताव लाई हैं और वह मुझे स्वीकार है, बस।"

भैया फटी-फटी आंखों से मुझे देखते रह गए। बड़ी देर बाद कांपती आवाज में बोले, "सीमा! इतनी जल्दी हिम्मत हार बैठी तू! या मुझ पर विश्वास ही नहीं रहा?"

"विश्वास की बात नहीं है भैया! शायद मेरी किस्मत वहीं से जुड़ी है। नहीं तो क्या उनकी पत्नी का स्वर्गवास होता! क्यों वे दीदी के पड़ोस में बसने आते... और क्यों मैं अब तक कुंआरी बैठी रहती," सूखी हंसी के साथ मैंने कहा।

फिर वे कुछ नहीं बोले, लेकिन उनकी पलकों पर चमकते ओसकण उनकी व्यथा को उजागर कर गए थे। शादी के सपने हर लड़की देखती है और उन सपनों से जुड़ी होती हैं सुहागरात की मनोरम कल्पनाएं। चांदी की घंटियों-सी मधुर, रेशम की लड़ियों-सी मादक, चांदनी में नहाई वह रात मेरे सपनों में भी बार-बार आई थी।

लेकिन यह तो अनुभव से ही जाना कि स्वप्न और सत्य में कितना अंतर होता है।

सजे-संवरे कमरे में हम दो प्राणी निस्पंद, निःशब्द बैठे थे। पांच वर्ष का लंबा समय दोनों के बीच फैला हुआ था। मेरे मन में ढेर सी कड़वाहट थी। उनके

मन में शायद दिवंगत पत्नी की स्मृतियां थीं। और नन्ही रूपम, उसे तो भुलाया नहीं जा सकता। घड़ी की सुइयां पल-पल आगे बढ़ रही थीं और मुझे लग रहा था-हम लोगों के बीच का अंतर प्रतिक्षण बढ़ता ही जा रहा था।

उस गहराते हुए मौन को तोड़ने की मैंने ही कोशिश की, "सुनिए!"

उनकी आंखें प्रश्न बनकर मेरे चेहरे पर टंक गईं।

"मेरी पीठ पर सचमुच एक बड़ा सा दाग है," मैंने आखिर कह ही डाला।

"मुझे मालूम है," शांत स्वर में जवाब आया।

"लेकिन यह दाग जलने का है, वैसा नहीं है जैसा आप लोग...।"

"मुझे मालूम है। वंदना भाभी से मैं सब कुछ सुन चुका हूं।"

और बस, फिर एक चुप्पी।

दुबारा भी मैंने ही पहल की, "यह भेद कहां से मिला आपको? उस शुभचिंतक का नाम बतला सकेंगे?"

"क्या आज ही सब कुछ जान लेना जरूरी है?"

"हां!" मैंने जोर देकर कहा।

वे कुछ क्षण चुप रहे, फिर धीरे से बोले, "अम्मा के पास पत्र आया था।"

"किसका?"

"पता नहीं। मैं तो उन दिनों यहां था ही नहीं। लेकिन शायद अम्मा ने फिर किसी को भी यह पत्र नहीं दिखाया।"

"क्यों?"

"यह तो तय था कि पत्र तुम्हारे परिचितों में से ही किसी का है। वे तुम लोगों के यहां कलह नहीं करवाना चाहती थीं। वे तो सिर्फ जानना चाहती थीं कि यह किसी की शरारत है या सच्चाई है। इसलिए उन्होंने दीदी को पर्सनली भेजा था।"

"डॉक्टर लेकर?"

"नहीं, डॉक्टर का आइडिया दीदी का अपना था। बस, या और भी कुछ पूछना है?"

एक लंबा सा मौन फिर हमारे बीच पसर गया। दीवार घड़ी ने जब तीन बजने की सूचना दी, तब वे उठकर मेरे पास आए और मृदुता से बोले, "सीमा, इन बातों को सोचने के लिए जिंदगी पड़ी है। अब सो जाओ।" और उन्होंने स्विच ऑफ कर दिया।

सोचा भी न था कि इतनी जल्दी एडजस्ट कर लूंगी मैं। शादी के समय सिर्फ भैया को मुक्त कराने का अहसास मन में था। मेरा अपना कोई अरमान,

कोई सपना नहीं था। मन में कुछ था तो बस ढेर सी कड़वाहट। लेकिन रूपम की निश्छल हंसी, मां जी की ममता और अविनाश के सौजन्य ने सारा कल्मष धो डाला। दीदी भी चार-आठ दिन बनी रहीं, पर उन्होंने एक बार भी अनुभव नहीं होने दिया कि वे हमारे यहां किस तरह अपमानित हुई थीं। घर में कोई भी उस प्रसंग की चर्चा तक नहीं करता था। मां जी मुझे जरा भी उदास देखतीं तो पड़ोस से वंदना दीदी को बुलवा भेजतीं।

अविनाश कभी-कभी भावुक होकर कह बैठते, "सीमा! इतने दिन दूर क्यों रहीं मुझसे तुम!"

उनकी आंखों में प्यार का सैलाब उमड़ पड़ता और मैं उसमें डूब जाती। तब याद ही नहीं रहता कि मुझसे पहले भी कोई था।

रूपम की मां के चले जाने के बाद घर बिखर-सा गया था। पुरानी यादों को भूलने के लिए इन लोगों ने घर बदल दिया था। पर इस घर में आकर भी सिर्फ जरूरी सामान बाहर निकला था। कोई उत्साह नहीं था और बहू के विछोह से मां जी भी टूट सी गई थीं। कुछ प्रकृतिस्थ होने के बाद मैंने घर संवारना शुरू किया और अचानक मुझे लगा कि इस काम के लिए मैं बरसों से तरसती रही हूं। अपना घर सजाना इतना आनंददायक होता है, यह मेरे लिए नया लेकिन सुखद अनुभव था। घर पर मां और भाभी पर बात-बात पर झल्ला पड़ने वाली मैं अब एकदम शांत और हंसमुख हो गई थी। पता नहीं कहां से मुझमें इतनी शक्ति आ गई थी कि सुबह से शाम तक मैं काम करती और मुझे थकान नहीं होती थी। अकसर मां जी डांट देतीं, बेटे से शिकायत भी करतीं, पर उस शिकायत में प्रशंसा का पुट होता और मैं फूल जाती।

उस दिन मां जी के पुराने कपड़ों का बक्सा खोलकर बैठ गई थी। उनके जमाने की कामदार साड़ियां थीं--असली जरी का काम था उन पर। रूपम की मम्मी को उतने भड़कीले कपड़े पसंद नहीं आते थे। इसलिए वे वैसी ही अनछुई रह गई थीं। मां जी की इच्छा थी कि मैं अपनी पसंद की दो-चार साड़ियां निकाल लूं और कभी-कभार पहना करूं।

साड़ियां सचमुच भारी (वजन में भी) थीं, फिर भी मैंने सोचा, मां जी का मन तो रखना ही चाहिए। तीन-चार साड़ियां मैंने ड्राईक्लीनिंग के लिए अलग से निकालकर रख लीं। फिर सोचा, लगे हाथ बक्सा भी ज़मा ही दूं। सारे कपड़े बाहर निकालकर नीचे बिछा हुआ पुराना अखबार भी निकालने जा रही थी, एक लिफाफा टप से नीचे गिरा। मैंने उसे उलट-पलटकर देखा, मां जी के नाम

ही था। अक्षर पहचाने से लगे, इसलिए इधर-उधर देखकर मैंने चुपके से भीतर वाला कागज निकाल लिया। मुश्किल से एक वाक्य था–'लड़की की पीठ पर बड़ा सा दाग है।'

लड़की का 'ल' बड़ी देर तक मेरा मुंह चिढ़ाता रहा और फिर जैसे सब कुछ एकदम साफ हो गया। लड़की के स्थान पर मुझे 'ललिता' नजर आने लगा और ललिता भाभी का नाम है। 'ल' शब्द वह बहुत इत्मीनान से लिखती हैं, जो उनके पत्र में अलग से ही चमकता है। इन अक्षरों की तो एक-एक रेखा मेरी पहचानी हुई है। तो क्या यह पत्र मेरी स्नेहमयी सुशीला भाभी ने लिखा है? क्या मिला उन्हें मेरे जीवन के बहुमूल्य पांच वर्ष छीनकर! शादी तो हुई और वहीं हुई, पर उसमें वह स्वाद कहां रहा! मुझे वह सारा मनस्ताप, लज्जा और लांछन याद आए और लगा, मेरी सारी शक्ति किसी ने छीन ली है। दु:ख और रोष से हृदय धू-धू जल उठा और मैं घुटनों में सिर दिए वहीं बैठी रही।

मां जी दौड़ी हुई आईं, "क्या हुआ मेरी बच्ची को?" उन्होंने प्यार से सिर पर हाथ फेरते हुए पूछा।

"कुछ नहीं, आपकी साड़ियां देखकर मुझे मां की याद आ गई," मैंने बात बनाई।

"असल में तू थक गई है। जा, लेट जा थोड़ी देर," उन्होंने ममता भरा आदेश दिया और खुद कपड़े तहाने बैठ गईं। अपने कमरे में लेटी मैं सोच रही थी कि अभी आकर वे मुझसे लिफाफे के लिए पूछेंगी, पर शायद उन्हें भी भूल गई थीं वे बातें। नहीं तो इतने दिनों तक अखबार की तहों में वह न पड़ा रहता।

कुछ देर बाद वे मेरे लिए चाय बनाकर लाईं तो मेरा मन कृतज्ञता से भर उठा।

"मां जी, चार-आठ दिनों के लिए मैं लश्कर हो आऊं? मां की बहुत याद आ रही है," मैंने हौले से पूछा।

"क्यों नहीं बेटा! मैं तो खुद कहने वाली थी। राखी पर भी न गई थी। उन लोगों को बहुत बुरा लगा होगा।"

दूसरे ही दिन सुबह इन्होंने मुझे पंजाब मेल में चढ़ा दिया। मां जी तो अकेले भेज ही नहीं रही थीं, पर मैंने ही जिद करके इन्हें साथ नहीं आने दिया। मैं कोई खुशी बटोरने के लिए वहां नहीं जा रही थी। मैं तो भाभी से

जवाब-तलब करने जा रही थी। वहां इनकी उपस्थिति मुझे संकोच में ही डाल देती।

तीन महीने बाद ही लौटी थी। फिर भी शहर कैसा नया-नया और अपना सा लग रहा था। हर चौराहा, हर पार्क, हर मूर्ति मैं यूं घूम-घूमकर देख रही थी, जैसे बरसों बाद देख रही हूं। अपना घर दूर से देखते मन जैसे उछल पड़ने को हुआ। तांगा रुका भी नहीं था और मैं कूदकर उतर गई। इतनी बेसब्र हो रही थी मैं।

मुझे दरवाजे पर देखकर पहले तो भाभी को विश्वास ही नहीं हुआ। फिर एकदम मुझसे लिपटकर रोने लगीं। आंसू तो मेरे भी निकल आए थे, पर मैंने अंदर ही अंदर सोख लिए। मन एकदम पत्थर-सा हो गया।

पिंटू और निम्मी पता नहीं कहां से मेरी आहट पाकर आ गए और खुशी से किलकते हुए मुझसे झूल गए। बड़ी मुश्किल से डांट-डपटकर भाभी ने उन्हें अलग किया, तब कहीं जाकर मैं हाथ-मुंह धो सकी। बड़ी राहत हुई यह सोचकर कि मां जी ने साथ में इतना सब कुछ रख दिया था, नहीं तो मैं कितने ताव में चली थी कि खाली हाथ ही चली आती। बच्चों के सामने कितनी ग्लानि होती तब। पिंटू दौड़कर मंदिर गया और मां को खबर दे आया। मां आईं तो अपने साथ पूरी भजन मंडली लेती आईं। फिर तो शाम तक घर में खूब शोर-शराबा होता रहा। पता नहीं कितने कप तो चाय बन गई। भैया बैंक से लौटे तब जाकर वह भीड़ छंटी।

मुझे देखकर हर्ष और आश्चर्य से भैया ऐसे विह्वल हो गए कि बड़ी देर तक कुछ बोल ही न सके। बस पास में लेकर बालों पर, सिर पर हाथ फेरते रहे।

"खुश तो है न तू?" बस इतना पूछा और उनका गला भर आया।

"मां, भैया बीमार हैं क्या? कितने दुबले लग रहे हैं," मैंने मां से पूछा।

"बीमार क्या है, तेरा दुःख उसे खाए जा रहा है।"

"मेरा दुःख?"

"और क्या। कहता है, एक ही बहन थी। उसे भी ठीक से ब्याह नहीं सका मैं। तू राखी पर नहीं आई तो यही समझ लिया कि नाराज है।"

"भैया तो पता नहीं क्या सोच लेते हैं।"

रात भाभी के हाथ का गरमागरम खाना खाकर मैं मां की गोद में सिर रखकर लेटी थी। पिंटू-निम्मी मेरे अगल-बगल लेटे थे। मां मुझे धीरे-धीरे

थपकियाते हुए ससुराल के हालचाल पूछ रही थीं। बच्चों को डबल डेकर, चिड़ियाघर, लालकिला और कुतुबमीनार के संबंध में जानने की उत्सुकता थी। भाभी रसोई समेटते हुए गुनगुना रही थीं और उनकी आवाज बरतनों की खनक के साथ मिलकर अजीब से संगीत की सृष्टि कर रही थी। सड़क पर विकास अपने दोस्तों से बातें कर रहा था। उन लोगों की आवाजें यहां तक आ रही थीं। भैया अपना फेवरिट 'माता कालिका' गाते हुए समाचार सुन रहे थे। पास-पड़ोस से ऐसी ही परिचित आवाजें सुनाई दे रही थीं।

और एकाएक मेरे मन ने स्वीकार किया कि सारे सुख-साधनों के बीच भी मेरा मन इस परिचित माहौल के लिए, इस छोटे से घर के लिए, अपनों के सामीप्य के लिए तरसता रहा है। प्रतिपल यहां की याद मुझे सालती रही थी, जिसे मैं जानबूझकर अनदेखा कर जाती थी। यही मन हो रहा था कि अनंत काल तक इसी तरह मां की गोद में लेटी रहूं, उनका ममता भरा हाथ मुझे थपकी देता रहे, पिंटू और निम्मी इसी तरह बांहों के घेरे में मुझे बांधे रहें, भाभी इसी तरह गुनगुनाती रहें।

"लता!" भैया ने आवाज दी, "चार-छह कटोरियां लेकर इधर आना जरा।"

कटोरियों का क्या करेंगे भैया, मैंने सोचा। लेकिन अधिक देर तक सोचना नहीं पड़ा। भाभी ट्रे लिए आ खड़ी हुईं, "सीमा, उठो, कुलफी खाओ।"

"कुलफी! इतनी रात में?"

"अभी नौ ही तो बजे हैं। बस उठो, चटपट शुरू हो जाओ अब। आज भैया तुम्हारे टॉप मूड में हैं। तुम्हारे लिए विकास को भेजकर स्पेशल पान मंगवाए गए हैं।"

सच! मैं तो शर्म से गड़ ही गई।

"बहू ठीक ही कह रही है। कितने दिनों बाद आज उसके चेहरे पर रौनक नजर आई है," मां ने कहा।

"और आज कितने दिनों बाद 'लता' कहकर आवाज दी है, यह तो पूछो," भाभी ने फुसफुसाकर कहा और रसोई की ओर भाग गईं।

"बुआ, तुम यहीं रह जाना अब। तुम रहती हो तो अच्छा लगता है," बच्चों ने भोलेपन से कहा। घर में जैसे उत्सव का वातावरण छा गया था—उससे वे भी अभिभूत हो गए थे। यह आनंद का उद्रेक मेरे ही कारण है, यह जानकर अच्छा लग रहा था।

कुलफी खाने के लिए भैया भी भीतर चले आए और हम रात एक बजे तक बैठे बतियाते रहे। पता नहीं कितनी बातें, कितने समाचार इस बीच इकट्ठा हो गए थे। विकास भी दोस्त के यहां पढ़ने के लिए नहीं गया। बच्चे काफी देर तक जागते रहे, फिर गुड़ीमुड़ी होकर वहीं सो गए।

सारा परिवार उस छोटे से कमरे में सिमट आया था। दिन भर मुझे इसी अवसर की प्रतीक्षा थी। और अब मेरी हिम्मत नहीं पड़ रही थी। खटिया के नीचे मेरे सूटकेस में भाभी का लिखा वह पुर्जा बाहर आने के लिए छटपटा रहा था। क्षण भर में सारा वातावरण चटकाकर चूर कर देने की ताकत उसमें थी। लेकिन लगा, यह अन्याय मुझसे नहीं होगा। जीवन भर के लिए भैया की हंसी, पारिवारिक सुख-शांति छीनने का पाप मैं नहीं कर पाऊंगी। मां को जिंदगी भर के लिए एक नया दुःख मैं नहीं दे पाऊंगी। भाभी का अपराध सचमुच बड़ा है, पर उन्हें दंड देकर क्या मेरे जीवन के बहूमूल्य वर्ष लौटाएं जा सकेंगे? फिर इस आयोजन से फायदा?

"अब आप लोग सोइए भी। देख नहीं रहे, उनकी आंखें झपक रही हैं," भाभी ने कहा, तब जाकर सभा बरखास्त हुई।

"बेचारी रात भर जागी भी तो होंगी," निम्मी को उठाते हुए भाभी ने फुसफुसाकर कहा तो मेरा मुंह शर्म से लाल हो गया। वे पिंटू को जगाने के लिए आईं तो मैंने कहा, "रहने दो इसे यहीं। आज आपके साहब भी तो टॉप मूड में हैं।"

"बदतमीज! दिल्ली जाकर यही सब सीखा है!" उन्होंने चिकोटी काटते हुए कहा और कमरे में भाग गईं। भैया की खुशी की किरणें उनके चेहरे को भी जगमगा गई थीं।

उनकी खनकती हंसी देर तक कानों में गूंजती रही और मैं सोचती रही थी, क्या यह सब सच है या सपना देख रही हूं? मन जैसे चीख-चीखकर पूछ रहा था—भाभी, क्या सचमुच तुम्हें मेरे आने से खुशी हुई है या तुम्हारा यह स्नेहमय रूप भी एक छलावा है? एक क्षणिक आवेश में ही तुम वह पागलपन कर बैठी थीं या वह भी एक सुनियोजित षड्यंत्र ही था? मुझ जैसी अत्यंत साधारण लड़की को इतना अच्छा घर-वर मिलते देख कई लोगों को ईर्ष्या हुई थी। क्या तुम भी उन्हीं में से थीं? या कर्ज की मोटी रकम तुम्हें बौखला गई थी? अपनी करनी पर सचमुच तुम्हें कभी पश्चात्ताप हुआ था या अपनी सफलता पर तुम खुश होती रही हो?

इन अनगिनती प्रश्नों के उत्तर जानने का मेरे पास कोई उपाय नहीं है, क्योंकि मैं कभी भी इन्हें जबान पर नहीं ला पाऊंगी। किसी कीमत पर सही, मुझे तुम्हारा प्यार, तुम्हारी खुशी चाहिए; क्योंकि तुम्हारे दम से ही मेरे भाई का संसार है। और भाई के सहारे ही मां की रही-सही जिंदगी है। कभी-कभार मां की गोद में सिर छिपाने के लिए मुझे जगह चाहिए। भाई की छाया में कुछ क्षण सुख-चैन से जीने का अधिकार मुझे चाहिए। इसीलिए तो तुम्हें क्षमा कर दिया है।

बकुल! फिर आना

"अम्मां, बाहर कोई आया है।"

नकुल ने आकर सूचना दी तो उनका माथा सलवटों से भर गया। पता नहीं क्या होता जा रहा है उन्हें आजकल। खुद तो घर से बाहर निकलती नहीं, पर भूले-भटके कोई मिलने भी आ जाता है तो उनका दिल डूबने लगता है। घूम-फिरकर वही बातें। साल भर से ऊपर हो गया, पर लोगों का मातमपुरसी का शौक अभी उतना ही ताजा है। जैसे कसम खा ली हो कि उन्हें कुछ भूलने नहीं देंगे।

"जा रही हो न अम्मां?" नकुल ने याद दिलाया।

"जा तो रही हूं, पर कौन है, बताओ।"

"अब खुद ही देख लो न जाकर। मैंने तो पहचाना नहीं।" नकुल ने बेजारी से कहा और पढ़ने बैठ गया। पढ़ाई के बीच में उठना पड़े तो वैसे ही उसका दिमाग गरम हो जाता है, पर वे क्या करें? वे निमंत्रण देने जाती हैं किसी को!

नकुल ने पहचाना नहीं है तो जरूर लड़की वाले होंगे। आजकल हर दूसरे-चौथे दिन राहुल के लिए रिश्ते वाले आ जाते हैं। उन्होंने अपनी साड़ी का मुआयना किया, उठकर सलवटें ठीक कीं और बालों पर हाथ फेरते हुए बाहर आ गईं।

देखा, कुरसी पर एक दुबली-पतली सांवली सी सत्रह-अठारह साल की लड़की बैठी हुई है और खिड़की से सड़क का नजारा देख रही है। उन्हें देखते ही वह उठ खड़ी हुई और हाथ जोड़कर बोली, "मां जी, मैं बकुल हूं।"

एक तीर सा उनके कलेजे में चुभा और बिंधता ही चला गया। अनगिनत स्मृतियां बिच्छू-से डंक मार गईं। साल-डेढ़ साल से वे यह नाम जुबान पर नहीं लाई थीं। पर उससे क्या? अंतस में तो हथौड़े-सा वह निरंतर बजता ही रहता था।

"क्या नाम बताया तुमने?" उन्होंने कुछ संभलने के बाद पूछा।

"नाम तो कुछ भी हो सकता है मां जी, पर आपके लिए मैं बकुल ही हूं।"

लगा, जैसे ततैयों का एक झुंड उन पर टूट पड़ा हो। सांप की तरह फुफकार उठीं वे। तो यह बात है–जानबूझकर बड़ी ठसक के साथ उनके पास नई बहू को भेजा गया है कि देख लो। तुमने तो कोई कसर नहीं उठा रखी थी। फिर भी हम दुलहन ले ही आए।

बकुल की उस करुण और अकालमृत्यु पर दोनों लड़के क्रोध से पागल हो गए थे और मरने-मारने पर उतर आए थे। बड़ी मुश्किल से उन्होंने समझाया था कि इससे बकुल तो लौटेगी नहीं। कचहरी के चक्कर लगाते-लगाते जिंदगी चौपट हो जाएगी सो अलग।

लड़के उस समय मान तो गए थे, पर उन्होंने कसम खा ली थी कि अब किसी लड़की को वे उस घर में आने नहीं देंगे। इसीलिए बिरादरी में हर कहीं वे अशोक का, उसके माता-पिता का बखान कर चुके थे। जहां कहीं भी बात चलती, भड़क पड़ते दोनों। दोस्तों की टोली लेकर पहुंच जाते। समझा-बुझाकर या धौंस-डपट से रिश्ता तुड़वाकर ही मानते।

पर हिंदुस्तान में लड़कियों की कमी नहीं है। वे लोग भी कम चालाक नहीं थे। ऐसे चुपके से ब्याह कर आए कि किसी को कानोकान खबर भी न हुई। अखबार में दोनों की फोटो निकली तब जाकर पता चला।

सामने खड़ी लड़की को देखा और उन्हें फूल सी बकुल का आग में झुलसा-विकृत चेहरा याद आ गया। मन जैसे सुलग उठा। इच्छा तो हुई नकुल से कहें, इसे धक्के मारकर निकाल दे, पर मुंह से जहर-डूबे स्वर में वह इतना ही कह पाईं, "तो तुम हो वह! क्या सोचकर शादी की है उस राक्षस से?"

"मां जी, हिंदुस्तान में लड़कियां शादी करती कहां हैं? वह तो हो जाती है।"

उन्होंने चौंककर देखा, लड़की का चेहरा हंसमुख था, पर आंखें गहरी झील-सी उदास थीं। अब उन्हें यह भी भान हुआ कि लड़की अब तक खड़ी है।

"बैठो।"

उन्होंने कहा और खुद भी एक कुरसी पर बैठ गईं। फिर एक लंबा मौन दोनों के बीच खिंच गया। तब उन्हें लगा कि बात अगर कुछ करनी है तो पहले उन्हीं को करनी होगी। लड़की तो बिलकुल जरा सी है। शायद बकुल से भी छोटी।

"घर कहां है तुम्हारा?"

"मिर्जापुर।"

"तभी। उतनी दूर इसकी काली करतूत के चर्चे नहीं पहुंचे होंगे। यहां तो कोई बात नहीं पूछता था।"

"यह बात नहीं है मां जी! बदनामी तो जंगल में आग की तरह बड़ी जल्दी और दूर तक फैलती है।"

"फिर?"

"फिर क्या? उसी बदनामी के कारण तो शादी संभव हो सकी।"

"मतलब?"

"मतलब यह कि सस्ते में सौदा पट गया। उन लोगों ने कोई मांग नहीं रखी। शादी में ज्यादा तामझाम भी नहीं किया। न गाजे, न बाजे। न भीड़, न भड़क्का। न दान, न दहेज–तुरत-फुरत सब काम निपट गया।"

"यूं जानबूझकर कोई मक्खी निगलता है!" वे अवाक् थीं।

"हम लोग चार बहनें हैं मां जी!" लड़की ने शांत स्वर में कहा, "दोनों बड़ी बहनों को पार लगाते-लगाते पिता जी का दिवाला पिट गया। नौकर-पेशा आदमी हैं बेचारे। जायदाद के नाम पर एक घर है जिसमें हम लोग रहते हैं। छोटी दीदी की शादी में वह भी रेहन रख देना पड़ा। ऐसे में अगर एक लड़की सस्ते में निपट जाती है तो क्या बुराई है?"

वे सिर से पांव तक सिहर उठीं। दस तोला सोना और पंद्रह हजार नकद देने के बाद भी उनकी लड़की को नहीं बख्शा गया था। और इस दुबली-पतली नाजुक-सी लड़की को खाली हाथ भेज दिया है मां-बाप ने। इस पराए परदेस में उस पर जो बीतेगा, उसको तो कोई देखने-सुनने वाला भी नहीं।

"क्या सोचने लगीं आप?"

"बेटे, तुम्हारे मां-बाप ने यह अच्छा नहीं किया। तुम इन लोगों को अभी जानती नहीं हो।"

"जानकर ही क्या हो जाएगा मां जी? जो भाग्य में लिखा होगा, वही तो होगा। दान-दहेज सुरक्षा की गारंटी तो नहीं दे सकते।"

ठीक तो कह रही है लड़की। दान-दहेज सुरक्षा की गारंटी कहां दे पाते हैं?

पता नहीं उन्हें क्या सूझी, उठीं और बीच का दरवाजा बंद कर लिया। फिर जैसे सफाई देते हुए बोलीं, "मैं तो बूढ़ी हूं, सो जब्त कर गई, पर बच्चे तुम्हें सहन नहीं कर पाएंगे।"

"मुझे मालूम है। मैं तो दरअसल राखी के दिन ही आने वाली थी। सोचा,

मेरे रहते भाइयों की कलाई सूनी नहीं रहनी चाहिए। पर हिम्मत नहीं पड़ी। सोचा, पहले मां से मिलूंगी। मां अपना लेगी तो भैया लोग अपने आप माफ कर देंगे।"

"नहीं, नहीं! माफी किस बात की! तुम्हारा कोई कसूर थोड़े ही है।"

"यही तो मैं कहती हूं, मेरा कसूर थोड़े ही है। मुझसे क्यों नाराज रहेंगे आप लोग?"

उसके भोलेपन पर निहाल हो गईं वे। धीरे से पूछा, "यहां कैसे आईं? घर पर बताया था?"

"मम्मी-पापा तो इन दिनों हरिद्वार गए हुए हैं। दोपहर को तो घर पर कोई रहता नहीं। महरी को साथ लिया और चली आई। उसकी अंदर आने की हिम्मत नहीं पड़ी। दूर से घर दिखाकर चली गई।"

"तुम्हें डर नहीं लगा?"

"डर कैसा? अपनी मां के पास आने में डर कैसा? नाराज ही तो होतीं आप। उससे क्या फर्क पड़ता है! मां की गालियां लगती थोड़े ही हैं।"

गद्गद हो आईं वे। मुग्धभाव से उसे देखती रह गईं।

घड़ी ने टन्-टन् कर चार बजाए और वह उठ खड़ी हुई, "चलूंगी मां जी अब। दफ्तर से लौटें इससे पहले घर पहुंचना है।"

"अशोक से छिपकर आई हो?"

"हां, आई तो छिपकर थी, पर अब बता दूंगी।"

"यही मैं कहने वाली थी। महरी कुछ उलटा-सीधा कहे, इससे पहले खुद ही बता देना।" एकाएक वे इस भोली-सी लड़की के लिए चिंतित हो उठी थीं।

"एक मिनट रुकना," उन्होंने कहा और दरवाजा धीरे से ठेलकर भीतर आ गईं। नकुल ने सिर उठाकर देखा।

"कौन आया है अम्मां! बड़ी घुट-घुटकर बातें हो रही हैं।"

मन हुआ कि बता दें, पर जब्त कर गईं। इन लड़कों का कोई भरोसा थोड़े ही है। जरा से में उबल पड़ते हैं। बेचारी जरा सी लड़की।

यह तो गनीमत हुई कि राहुल घर पर नहीं है। वह तो नकुल जैसा सीधा-सादा भी नहीं है। फौरन भांप लेता। उस दिन पेपर में फोटो निकली थी, उसने संभलकर रखी हुई है। कह रहा था-किसी दिन रास्ते में नजर आ गए दोनों तो तेजाब डाल दूंगा मुंह पर। उसके दफ्तर से लौटने से पहले ये जा रही है, अच्छा ही है।

वे बाहर आईं तो लड़की ने पूछा, "यह क्या है मां जी?"

"कुछ नहीं बेटे, थोड़ा सा शगुन है। पहली बार घर आई हो, मुझे मां कहकर पुकारा है, खाली हाथ कैसे जाने दूं!"

"न मां जी, आज नहीं। आज तो सिर्फ आपका आशीर्वाद लूंगी। जिस दिन भैया लोगों को अपने हाथ से टीका करूंगी, उस दिन जो भी देंगी, ले लूंगी। पर आज माफ करें।"

और वह एकदम पलटकर चल दी। वे घिसटकर दरवाजे तक आईं, तब तक वह सीढ़ियां उतर चुकी थी। वहीं खड़े होकर उन्होंने आवाज दी, "फिर आना।"

वह पलटी और हंस दी। उसकी आंखों की कोर गीली थी, पर वह हंस रही थी।

"हे ईश्वर! यह सदा इसी तरह हंसती रहे," उन्होंने ठाकुर जी के सामने हाथ जोड़कर कहा, पर उनका जिद्दी मन वहीं देहरी पर खड़ा पुकार रहा था, बकुल! फिर आना! फिर आना!

छोटी बेटी का भाग्य

फिर राजा ने चौथी बेटी से पूछा, "बेटी! तुम किसके भाग्य का खाती हो?"

उसने अपनी बड़ी बहनों की देखादेखी उत्तर दिया, "पिता जी, मैं तो आपके भाग्य का खाती हूं।"

राजा बड़ा खुश हुआ।

फिर उसने सबसे छोटी, लाड़ली बिटिया से प्रश्न किया, "बेटे! तुम किसके भाग्य का खाती हो?"

"मैं तो अपने भाग्य का खाती हूं," बिटिया ने तपाक से उत्तर दिया। उसकी बहनें सुनकर सन्न रह गईं। राजा को इतना ताव आया, इतना ताव आया...

"इसमें ताव खाने की क्या बात थी? छोटी बिटिया ने ठीक ही तो कहा था।"

सुमन की इस टिप्पणी से कहानी का तार एकदम टूट गया। बच्चे और उनकी नानी उस काल्पनिक दुनिया में इतने खो गए थे कि पास बैठी सुमन को भूल चुके थे। मेहमानों की लिस्ट बनाना छोड़कर वह कब श्रोताओं में सम्मिलित हो गई थीं, किसी को पता ही नहीं चला था। इसीलिए तीनों चौंक पड़े थे।

"छोटी ने ठीक ही तो कहा था," अपनी बात पर जोर देते हुए सुमन ने कहा, "दुनिया-जहान की छोटी बेटियां अपने ही भाग्य का तो खाती हैं। उनके लिए कौन कुछ करता है?"

"सुमि!" अम्मां ने तड़पकर कहा और चुप हो रहीं।

बच्चे एकदम बौखला उठे। इतनी अच्छी कहानी चल रही थी। मम्मी को पता नहीं क्या खब्त सवार हो जाता है कभी-कभी।

"मम्मी, प्लीज," रश्मि ने ठुनककर कहा, "बीच में मत बोलो न।"

बोलने का उत्साह सुमन का भी खत्म हो गया था। वह फिर से अपने काम में जुट गई। नानी ने भी बिखरे कथासूत्रों को फिर से समेटना चाहा, पर बात कुछ बनी नहीं।

"सुमन, कहां हो भई?" सुरेश गेट से आवाज देते हुए ही घर में दाखिल हुए। इतनी कोफ्त हो आई उसे। कितनी बार समझाया है कि घर में इस समय अम्मां हैं, बड़े भैया हैं, कुछ तो लिहाज किया करो, पर इन्हें कभी होश ही नहीं रहता।

"क्या है?" उसने बाहर आकर रुखाई से पूछा।

"ये काड्‌र्स देख लो भई। छपकर आ गए हैं। तुम्हारे ऑर्डर के मुताबिक हैं कि नहीं, देख लो।"

उसने रैपर खोलकर देखा। चिकनी गुलाबी सतह पर मखमली अक्षर व सुनहरी बेलबूटे। उसके बनाए मसौदे के नीचे उसके, सुरेश के, रश्मि राघव के नाम–मकान का बड़ा-सा नाम 'आकांक्षा' कलात्मक रूप से लिखा हुआ है।

"अच्छे हैं।" उसने पुलकित स्वर में कहा।

"अरे अच्छे क्या, बहुत अच्छे कहो।"

बड़े भैया ने कहा, "गृह प्रवेश के लिए इतना कौन करता है। अरे, शादी पर भी लोग इतने महंगे कार्ड नहीं छपवाते।"

"इसीलिए तो मैंने छपवाए हैं," सुमन ने कहा। उसका स्वर एकदम बदला हुआ था।

"मेरी शादी पर तो ऐसे कार्ड छपे थे कि याद करके आज भी रोना आता है। उनसे अच्छे कार्ड तो लोग तेरहीं पर छपा लेते हैं।"

बड़े भैया का चेहरा एकदम काला पड़ गया और वे सिर झुकाकर धीरे से कमरे से निकल गए।

"सुमन!" सुरेश ने कठोर स्वर में कहा।

"क्या है?"

"घर बुलाकर इस तरह अपमान किया जाता है कभी!"

"अपमान कहां किया है मैंने। मौके से एक बात याद आ गई थी, सो कह दी–और वह सच भी थी।"

"सच बात क्या इस तरह मुंह पर फेंक मारना जरूरी है?"

"देखिए," सुमन ने कसैले स्वर में कहा, "सच बड़ा कड़वा होता है। किसी तरह भी कहो, लगता ही है।" और वह एकदम पलटकर रसोई में चली गई।

सुरेश उसे देखते ही रह गए। इतने वर्ष बीत गए हैं, पर इसका आक्रोश अब भी उतना ही ताजा है। जब भी वे सुमन के इस आवेग को देखते हैं, उन्हें

अपना सारा किया-कराया मिट्टी में लगने लगता है। कैसी सर्वग्रासी स्मरणशक्ति है इसकी। ये कुछ भूल क्यों नहीं पाती!

रसोई में बैठी सुमन भी यही सोच रही थी—वह कुछ भी भूल क्यों नहीं पाती! जब भी कुछ कहने को होता है, उसकी जबान पर जैसे सौ-सौ कांटे उग आते हैं। पता नहीं कैसा दंश है उसके मन में, जिसे वह सौ गुना करके लौटा देना चाहती है।

अभी उस दिन अम्मां कहानी सुना रही थीं। वे भी पांच बहनें थीं। दो की शादी बाबू जी ने अपनी नौकरी के जमाने में खूब धूमधाम से कर दी थी। दो की शादी में उनकी सारी ग्रेच्युटी, सारा फंड निकल गया था। आधी पेंशन तक बिक गई थी। सुमन का वक्त आया, उस समय तक वे स्वयं भैया पर आश्रित हो चुके थे। भैया की भी शादी हो गई थी। उन्हें अपनी भी गृहस्थी देखनी थी, मां-बाप को पालना था। सुमन के ब्याह की फिक्र थी, सो अलग।

किसी प्राइवेट स्कूल में ढाई सौ पर दस्तखत करके डेढ़ सौ पाते हुए सुमन तेजी से बढ़ती जा रही थी। भैया और बाबू जी जगह-जगह की खाक छान रहे थे, पर कोई लड़का हाथ नहीं आ रहा था। जैसे-जैसे महंगाई बढ़ रही थी, लड़कों के भाव भी आसमान छू रहे थे। फिर इन लोगों के पास तो देने के लिए भी कुछ नहीं था।

तभी किसी ने प्रो. शर्मा का नाम सुझाया। दो साल पहले ही उनकी पत्नी चल बसी थी। दो नन्हे बच्चे थे। घर और बच्चों की देखभाल के लिए उन्हें एक सुशील कन्या की आवश्यकता थी। उनकी कोई मांग नहीं थी। बस, कुंकुम कन्या ग्रहण करने को तैयार थे वे।

अम्मां-बाबू जी तो खुशी से झूम उठे। इतनी विकराल समस्या का इतना सरल हल निकल आएगा, उन्होंने सोचा भी नहीं था। भैया-भाभी ने भी राहत की सांस ली।

पर सुमन ने ही मना कर दिया। उसके कुंआरे सपनों को, फेरे पड़ते ही, किसी की मां बन जाना गवारा नहीं हुआ। उसके इस निर्णय की प्रतिक्रिया अच्छी नहीं हुई। घर का वातावरण कई दिनों तक उखड़ा-उखड़ा सा रहा। भाभी उससे कटी-कटी सी रहीं। बड़ी बुआ ने तो सुना भी दिया, "कुछ तो अकल से काम लिया करो। दादा के बुढ़ापे का तो खयाल किया होता। समय से शादी हो जाती तो तुम भी बच्चों वाली हो जातीं कि नहीं अब तक? उनका क्या है, मर्द मानुस है, सौ रिश्ते लग जाएंगे। तुम्हीं बैठी रहोगी।"

बुआ ने सच कहा था। और भी दो साल बीत गए और वह फिर भी अनब्याही रह गई थी। इस बीच बाबू जी भी चल बसे और शादी की बात जैसे ठंडे बस्ते में चली गई। भैया कहते, "अब सत्ताईस साल की लड़की के लिए मैं कुंआरा लड़का कहां से लाऊं!"

भला हो मझली दीदी का। उन्होंने ही दया करके गांव-नाते का एक देवर दिखा दिया था। मां-बाप का साया बहुत पहले उठ गया था। एक टाइपराइटर, एक कच्चा मकान और एक बी. कॉम. की डिग्री—जायदाद के नाम पर बस यही कुछ था। तभी लड़की वाले बिदकते थे। हिंदुस्तानी आदमी नौकरी पर जान छिड़कता है। छोटी ही सही—पर बंधी-बंधाई आमदनी तो हो।

अपने सारे सपनों को तिलांजलि देकर ही सुमन मंडप में जा बैठी थी। बहुत बेमन से उसने नए जीवन में प्रवेश किया था। उस दरिद्र अनाथ युवक की गृहस्थी की गाड़ी खींचते हुए वह अकसर हांफ उठती। धुंआती रसोई में खाना बनाते समय, फटे कपड़ों को रफू करते हुए या जले हुए बरतनों को रगड़ते हुए उसे अकसर प्रो. शर्मा की जमी-जमाई गृहस्थी, सजा-संवरा घर याद आता और वह अपने-आप पर खीज उठती। अपने पैरों पर कुल्हाड़ी मारना इसी को तो कहते हैं।

रश्मि का जन्म हुआ तो लगा ही नहीं था कि घर में पहला बच्चा आया है। लगा कि एक अनचाहा मेहमान आ गया हो। राघव तो लड़का था, पर उसके आते ही लगा, जैसे विपत्ति का पहाड़ टूट पड़ा हो। उन सीलन भरे कमरों में अपने फूल से बच्चों को पालना, उन्हें छोटी-छोटी बातों के लिए तरसाना उसे जहर लगता रहा था।

फिर भी धीरे-धीरे सब कुछ बदलने लगा। जिंदगी का सफर आसान होता चला गया। आज तो उसके पास वह सब है, जिसकी उसने कभी कामना की थी। पर अब पहले की सी उमंग, उत्साह वह कहां से लाए! ये बीते हुए वर्ष उसके मन का सारा ही रस निचोड़कर ले गए हैं जैसे। मन की तलहटी में रात-दिन एक ज्वालामुखी सा धधकता रहता है। जरा कुछ हुआ नहीं कि लावा फूट पड़ता है।

गृह-प्रवेश सानंद संपन्न हो गया। सुबह विधि-विधान से होम-हवन किया गया। देवी-देवताओं का शुभ कार्य के लिए आह्वान किया गया। पवित्र उदक से घर की शांति की गई। फिर दोपहर को ब्रह्मभोज हुआ। ग्यारह तरह की मिठाइयां और भरपूर दक्षिणा। ब्राह्मण देवता प्रसन्न हुए और आशीर्वादों की झड़ी

लगाते हुए विदा हुए।

शाम को रिसेप्शन था। खाने का प्रबंध तीन सितारों वाले एक होटल को सौंपा गया था। मंडप की सज्जा शहर के प्रसिद्ध टेंट हाउस के जिम्मे थी। उन्होंने नए घर को दुल्हन की तरह सजा दिया था।

सुमन की शादी में ऐसा कोई हंगामा नहीं हुआ था। इसीलिए वह जैसे सारी कसर निकालने पर तुली थी। उसके पीहर से भी जो सामान आया था, वह मौके के अनुरूप ही था।

उसने चुटकी भी ली थी, "अम्मां, इतनी भारी साड़ी तो तुमने मुझे शादी पर भी नहीं दी थी।"

और उसी साड़ी को पहनकर वह मंडप में फूली-फूली फिर रही थी। कोई प्रशंसा करता तो गर्व से कह देती, "अम्मां लाई है।"

"अरे, इसने तो जैसे एक छोटी-मोटी शादी ही निपटा दी," अम्मां गद्गद होकर जिस-तिस से कहती फिर रही थीं, "भई, हमने तो होनहार लड़का देखा और बिटिया ब्याह दी थी। घर-वर दोनों देख सकें, इतनी सामर्थ्य कहां थी। पर इसका ऐसा लच्छमी का पांव पड़ा कि आते ही सब दलिद्दर धो डाला।"

उस शाम जब दस-पंद्रह बार अम्मां यह बात दोहरा चुकी थीं तो सुमन की सहनशक्ति ने जैसे जवाब दे दिया। वह एकदम फट पड़ी, "यह सब एक दिन में नहीं हो गया है अम्मां! पूछो तो पता चलेगा कि मेरा कितना खून जला है।"

पार्टी यद्यपि उतार पर थी, फिर भी इक्के-दुक्के मेहमान इधर-उधर बिखरे हुए थे। ऊंची आवाज सुनकर सबके कान खड़े हो गए। अम्मां तो जैसे कटकर रह गईं। समझाने के से अंदाज में बोलीं, "अच्छे-बुरे दिन सबके आते हैं लली। सुख की घड़ियां फुर्र से उड़ जाती हैं। दुःख के दिन नेक रेंग-रेंगकर चलते हैं, इसी से भारी लगते हैं। आज तो तू रानी बनी हुई है न!"

"हां, आज मैं रानी हूं। बारह साल बाद तो घूरे के भी दिन फिरते हैं। मेरे भी दिन बदले हों तो आश्चर्य क्या है?"

"सुमि!"

"ठीक ही तो कह रही हूं अम्मां! तुम लोगों ने तो अपनी तरफ से मुझे घूरे पर ही फेंक..."

कहते-कहते रुक गई सुमन। पता नहीं कहां से सुरेश एकदम सामने आकर खड़े हो गए थे। उनकी आंखों में व्यथा का एक महासागर लहरा रहा था।

"तुमने मुझे घूरा कहा सुमन?"

सुमन आंख उठाकर उनकी ओर देख नहीं सकी।

"सुमन! तुम्हारे चेहरे पर मुस्कान की एक रेखा देखने के लिए मैंने क्या नहीं किया। पागलों की तरह दिन-रात खटता रहा, अपना खून-पसीना एक करता रहा। तुम्हारे मन के अभावों को भरने के लिए मैंने अपने आदर्शों की भी परवाह नहीं की। फिर भी तुम्हारे लिए मैं घूरा ही बना रहा।

"आखिर तुम चाहती क्या थीं? इच्छाओं की यह कैसी आग है, जो बुझना ही नहीं जानती!"

कहते-कहते उनका स्वर कठोर होता चला गया। उनकी आंखों में लहराता महासागर सूख गया और वे भक्क से जल उठीं। उस दहकन के सामने मंडप में सजे असंख्य लट्टुओं का प्रकाश मद्धिम पड़ गया।

□□

मालती जोशी की पुस्तकें

स्नेहबंध तथा अन्य कहानियां	250.00
ऑनर किलिंग तथा अन्य कहानियां	170.00
मिलियन डॉलर नोट तथा अन्य कहानियां	125.00
परख (कहानी-संग्रह)	180.00
वो तेरा घर, ये मेरा घर (कहानी-संग्रह)	160.00
दस प्रतिनिधि कहानियां	160.00
औरत एक रात है (कहानी-संग्रह)	200.00
पिया पीर न जानी (कहानी-संग्रह)	160.00
रहिमन धागा प्रेम का (कहानी-संग्रह)	150.00
बोल री कठपुतली (कहानी-संग्रह)	120.00
मेरे साक्षात्कार	180.00